解決志向で子どもとかかわる

子どもが課題をのり越え、力を発揮するために

ジュディス・ミルナー
ジャッキー・ベイトマン

訳
竹之内裕一
バレイ(佐俣)友佳子

Working with Children and Teenagers Using Solution Focused Approaches
Enabling Children to Overcome Challenges and Achieve their Potential

Judith Milner
Jackie Bateman

金剛出版

Working with Children and Teenagers Using Solution Focused Approaches

Enabling Children to Overcome Challenges and Achieve their Potential

Judith Milner and Jackie Bateman

Copyright © Judith Milner and Jackie Bateman, 2011
First published in the UK in 2011
by Jessica Kingsley Publishers Ltd
73 Collier Street, London, N1 9BE, UK
www.jkp.com
All rights reserved
Printed in the UK

Japanese translation rights arranged with
Jessica Kingsley Publishers
through Japan UNI Agency, Inc., Tokyo

エラとエヴィー、ジョージとルルに

謝辞

その配慮、アイデア、批判的なコメント、実務的な援助、そして熱心な支援に感謝すべき人々がたくさんいます。

草稿を辛抱強く読んでくれたポール・エドワーズとパット・バスチアンに。実務的な援助、推敲、激励、そして機知に富んだユーモアを尽くしてくれたアラスデア・マクドナルド、スティーブ・マイヤーズ、リンゼイ・テーラーに。バーナード基金のジャンクション・プロジェクトのスタッフに。ジェシカ・キングスレイ出版のスティーブン・ジョーンズとキャロライン・ウォルトンの励ましとサポートに。

そして何より最も重要なのは、私たちに彼らの物語を使うことを許可してくれた子どもと若者たちです。取り上げた物語は個人が特定されないように改変せざるをえませんでしたが、解決策を探し出す彼らの強みとリソースが、本物の物語同様に示されていることを願っています。

★ 解決志向で子どもとかかわる

日本語版へのまえがき

　大学で指導する職を早めに辞す申し出をしたことで、実践の場に戻り、私が共著者となり日本語にも訳されている "Assessment in Social Work"（J・ミルナー、P・オバーン、『ソーシャルワーク・アセスメント――利用者の理解と問題の把握』ミネルヴァ書房、2001年）に記した解決志向アプローチの内容を、実際に試してみる機会が得られました。そこで私は、運営が芳しくない養護施設の指導者の役を引き受けました。加えて、暴力を経験した若者へのカウンセリング政策で、セッションを行う仕事も引き受けました。こうして私は、多くの人の関心事や彼らが好ましいと思う解決について、注意深く耳を傾けつつ、ゆっくりと、そして丹念に解決志向アプローチを使い始めました。

　その養護施設の若者たちは手に負えない状況で、行方がわからなくなることもよくあり、朝起きて学校に行くことを拒否し、喧嘩になって家具を壊すことも頻繁にありました。私の簡潔な使命は、施設をうまく機能させること、あるいはそれをたたむことでした。私は住み込みのソーシャルワーカーだけでなく調理師や清掃員まで、すべての職員への調整を行いました。また若者たちとは施設を離れた場所での面談を設定しました。職員や若者との会話は、ミラクルクエスチョンから始めました。それにより、施設での今後の暮らしについて話し合い、決して過去は振り返りませんでした。ミラクルクエスチョンはグループの参加者がお互いに話を聞き、自分の考えを述べ、奇跡が起きたらどんな違った行動を取っているかについて話をするのに、とてもよい方法でした。このような取り組みによって、責任感が芽生え、不平を述べたり非難したりが減っていきました。

　暴力を体験した子どもや若者と個別にカウンセリングを実施することも同様にやりがいのあるものでした。彼らが好ましいと思う未来に焦点をあて、彼らの強みや能力を特定することによって、彼らはその悲惨な状況から逃れ、背景にあるトラウマから脱し、そして生きる喜びの計画を立て始めるこ

とができるようになりました。私はその後、自分のカウンセリングの枠を広げ、学校や家庭で暴力的な若者、摂食障がい、不登校、最近家族を亡くした若者や自殺企図のある若者など、より幅広いクライエントの問題を取り扱うようになりました。解決志向アプローチは、問題のタイプ、知的能力、個別に会っているか、家族やグループで会っているか、どんな文化的背景かにかかわらず有効でした。うまく機能するのは、専門家の知識ではなく、手法でした。長年の「経験」に基づく知識は、人が置かれた一般的な状況を説明はするものの、彼らの特定の関心事や能力についてはほとんど教えてくれないことに私は気がつきました。自分が立てた仮説は多くの場合完全な間違いに終わりました。私の考えた解決のアイデアをいろいろ試してみたものの、失敗に終わっていました。そしてクライエントは、私の思いついたアイデアよりもずっと良いアイデアを持っていました。

彼ら「固有の知識」(local knowledge) は、私の「専門家としての知識」よりも重要であると気がついたことで、多くの大切な理論やアイデアを断念することになりました。私は困難な状況下でのクライエントの成功と、解決を見つける彼らの創造性についてたくさん学びました。それによって、解決志向でよく使われる、「自分自身がそういう人であることを知っていましたか？」という質問に、彼らが微笑みながら、「いいえ、でも今は知っています」と答えたとき、私も同じように嬉しくなりました。

人が、自分が好ましいと思う解決を見つけることにかかわることは楽しい取り組みで、支援者が行き詰まってしまったり、燃え尽きてしまったりすることを避けられます。また、解決を見つけて実行するのに必要な面接は通常数回で済むので、押しつけがましさの少ない支援方法でもあります。ときには1回の面接で終わることもあります。クライエントは、いつものように必要ならもう数回面接を受けに来てもよいと言われても、自分に解決を見つける力があると気がつき、その力をこれから起きる困難に直面したときにも使っていくため、再度面接に来ることは滅多にありません。

この本は、私の解決志向の実践への熱い思いから生まれました。クライ

エントが、自らの問題を解決するための能力をまさに自分自身が持っていると気がつくにつれて、彼らの顔が晴れやかになってゆくのを目にする純粋な喜びを味わっていただけることを願っています。みなさんが有効な質問を投げかければ、その瞬間が訪れるのです。この本は英国で好意的な評価を受けています。日本でも同様にみなさんのお役に立つことを願っています。

★……ジュディス・ミルナー

　少年司法に関連する分野のソーシャルワーカーのキャリアの早い段階で、私は解決志向アプローチに出会いました。当時、私は攻撃性と暴力が犯罪行為の一部であるとされた若者のグループを運営するように言われていました。これまでとは異なる何かを試してみたいと思い、伝統的に実施されてきた「アンガーマネジメント」のグループから離れようと思いました。解決志向を実践することで、若者全員がすべてのセッションに定期的に参加し、より生産的で安全に葛藤を扱う方法について、個々の考えを互いに確認し、明瞭に表現することができました。

　解決志向アプローチを日々の活動に活用することは、バーナード基金ジャンクション・プロジェクトで働くことになって実現しました。そこで提供しているサービスは、その行動に懸念があり、あるいは危険がある子どもや若者とかかわるもので、私が力を注ぎたいと思う分野でした。この状況下で家族は、疑惑や罪の意識や混乱を経験することがあります。そして多くの場合、自分の子どもたちの行動と起こったことの、理にかなった理由を探そうと必死になっています。

　自分たちの強さ、レジリエンスと対処能力に好奇心を持って焦点があてられ、そういったリソースを活用して自分自身や子どもの暮らしをコントロールするだけでなく、どのように安全性を高められるか尋ねられていくと、家族は安心感も語るようになります。私にとってもこの会話は救いでした。と

いうのも、それ以前は子どもを「なおす」という大きな責任や重荷を感じていたからです。しかしこの会話では、家族側の自己主体感と自主性が促進されました。これは、ソーシャルワークの実践における核心部分だと私は思っています。若者とその家族の持つ、ポジティブな変化をもたらすのに役立つ知識、スキル、能力に敬意を払いながら彼らと仕事をしていくことは、喜びであり、新鮮な経験でもありました。

　性的不品行の分野には診断用語がはびこっています。解決志向の実践では言葉が非常に重要であることを強調していますが、それは私たちが何かについてどのように話すかが、そのことについての特定の理解を形成してしまうことがあるからです。危険への執拗なこだわりがあると、より安全な性行動の根拠は失われることになります。そして、危険を無視することはないものの、同様に安全について尋ねることに注意が向けられることが必要となります。

　解決志向アプローチは、幅広い分野で働く人々が自分の仕事で役立てることができるものです。ですから、この本が自分の実践にとって有益だと思うさまざまな読者に届くことを願っています。

　私はセラピストであり、国際的なトレーナー、コンサルタント、著者でもあります。児童保護、そして青少年犯罪のソーシャルワーカーとして働いていました。その後、2002年に英国のバーナード基金プロジェクトに実践者として加わり、ジャンクションでの子どもサービス担当マネージャーになりました。そのサービスでの役割は、性的あるいは暴力的な行動をとる子どもや若者とその家族とかかわるものでした。現在は、オーストラリアのメルボルンにある South Eastern Centre Against Sexual Assault (SECASA) で活動しています。また *"Children and Young People Whose Behaviour is Sexually Concerning or Harmful"* の共著者でもあります。

★……ジャッキー・ベイトマン

目次

謝辞……iii
日本語版へのまえがき（ジュディス・ミルナー／ジャッキー・ベイトマン）……iv

❶ 効果的な会話……003

子どもとのポジティブなかかわり方……003
解決志向の実践……006
解決志向の理論から実践まで……012

❷ 子どもと真剣に向き合う……029

「子ども中心」になる……029
子どもとの関係づくり……031
子どもに敬意を払う……033
みなさん自身のことを話す……033
問題と関連しない話し合い——プロブレムフリートーク……039
好奇心に満ちた話の聞き方……041
話ができない子ども、話さない子ども……047
会話の邪魔をする子ども……054

❸ 達成可能なゴールを設定する……057

ゴールに同意する……057
ミラクル・クエスチョン……061

ミラクル・クエスチョンのバリエーション……065
グループでのミラクル・クエスチョン……067
あなたと話をしたくない子どもとゴールに同意する……068
乗り越えなければならない困難とともにいる子どもとのやり取り……075
他者からの視点のミラクル・クエスチョンの短縮版……078
学習困難のある子ども……079
複雑な身体的ニーズをもつ子ども……083
騒々しいグループや家族……085

問題の例外を見つける……093

例外を見つける……093
問題に関連した話を成功に関連した話に変える……097
大人がネガティブな場合の例外探し……104
問題を外在化する……106
どうしても名前を考えることができない子どもとの外在化……111
安全確保における例外探し……116

子どものもつ強みを見つける……121

強みとレジリエンス……121
強みに関する会話……126
強みに関する会話のはじめ方……130
足りないものを強みにする……136
反抗的な子ども……141
大人のレジリエンス……141

❻ ゴール、進み具合、安全のスケーリング……145

関係づくり……145
子どもの希望や願いを見つけるためのスケーリングクエスチョン……150
感情に対応するためのスケーリングクエスチョン……157
変化への参加を促すためのスケーリングクエスチョン……163
安全性を評価するためのスケーリングクエスチョン……165
創造力を働かせる……170

❼ まとめ……175

まとめ──これまでのすべてを一体化すると……175
2回目以降の面接……189
状況に合わせた課題を作る……197
進展が緩やかなときのいくつかの提案……200
多様な機関が一体となってかかわっているとき……201

参考情報・参考文献
　ウェブサイト……207
　参考図書……208
　参考文献……210

訳者あとがき（竹之内裕一）……213

索引……214

解決志向で子どもとかかわる
子どもが課題をのり越え、力を発揮するために

Milner and Bateman
Working with Children and Teenagers Using Solution Focused Approaches
Enabling Children to Overcome Challenges and Achieve their Potential

1 効果的な会話

子どもとのポジティブなかかわり方

　本書を執筆するにあたり、教育、健康、福祉、家族や地域サポート、若者に対する司法や少年犯罪の防止、スポーツや文化活動、幼児期または保育現場など、子どもにかかわる幅広い現場で解決志向アプローチがいかに役立つかを強調しようと努力しました。私たちが目指したのは、解決志向アプローチの基本的な哲学と、実際それがどのように使われるか、そのポイントをおさえた包括的な理論をお伝えすることです。

　本書で紹介するテクニックは、前記の現場で働く専門家に求められる専門性にも矛盾することなく、すべての子どもたちが安全で、健康で、人生を楽しみ成長し、社会貢献し、経済的にも成功できることを保障しようという英国政府の政策「どの子も大切」[訳註1]を実現するためにも役立つものです。また、子どもにかかわるすべての人たちがもっていることが望ましい技術として最近政府が発表した以下の共通基準[訳註2]にも適合します。

- 効果的なコミュニケーションと人とのかかわり方
- 児童、青年の成長

[訳註1] *Every Child Matters* ｜ 2000年に英国で当時8歳の少女が保護者から長期にわたる虐待を受け殺害された事件が起き、その調査過程で明らかになった児童保護政策の問題点を受けて2003年9月に提出された緑書。この緑書の方向性は「2004年児童法」により法制化され、子どもや若者へのあらゆる政策の基盤となった。「どの子も大切」が達成すべき五つの結果（outcome）は次のとおり。①健康促進、②安全確保、③学校生活を楽しみ目標を達成すること、④積極的・前向きな活動、⑤経済的安定の確保。
[訳註2] *Workforce Strategy* ｜ 子ども・学校・家庭省が2008年に発表した、子どもと若者のための支援人材戦略。「どの子も大切」に対応した人材の基準を定め、労働環境のサポートの提供も定めている。

★ 解決志向で子どもとかかわる

- 子どもの安全の確保と健全な生活の促進
- 変化への対応のサポート
- 複数の団体の協働
- 情報交換

(DCSF（子ども・学校・家庭省）2008)

　子どもにかかわる活動分野によって、求められる特別なトレーニングには必然的に違いがありますが、すべての分野にまたがって共通したテーマは、子どもの声に耳を傾けることの大切さです。

　これまでの伝統的な流れでは、子どもの発達に関する知識と子どもとのかかわり方として広く受け入れられる方法は、精神医学や心理学の知識に影響を受けながら発展してきました。これはもちろん役立つ方法ではありますが、子どもたちをカテゴリーに分類することで、その子どもの状態を理解しやすく、そして専門家によって「治療」しやすくするという、問題を基本に置いたものでした。カテゴリー化が有用かどうかは議論の余地があります。例えば、注意欠如・多動症（ADHD）と診断された子どもは、必要な医学的処置を受け、なぜこの子が特定の行動をしてしまうのかも診断によって理解されます。しかし、この診断によって「問題」が子ども自身のなかにあるとされるため、その子が病気として扱われてしまう可能性があります。さらに、将来的に何がその子にとっていちばん良いかを考えるときも、子ども一人ひとりの独自の考えや強みは無視されたまま、カテゴリー化により型にはまった介入法が決められてしまいます。

演習

❶ 限局性学習症のレッテルが役立つ点をリストアップしてみましょう。次に、そのレッテルがかえって害をもたらす点をリストアップしましょう。いつも他人や物事にどのようにレッテルを貼っているかを考えてみると役に立つかもしれません。

❶ 効果的な会話

❷ みなさんの立場で、自分がかかわっているあらゆる子どもへのレッテル貼りや専門用語を、そこからくるネガティブな影響を受けないようにしつつどのように有効活用できるか考えてみましょう。

(Jones and Northway 2006, p.785)

　どんな専門分野であれ、子どもとかかわるときにいちばんよい方法は、専門家として働く人が、子どもとその家族をパートナーと考えて敬意を払い、全員が合意した活動をいっしょに行う方法です。このアプローチは、幼児期から適用できますし、健康や福祉、余暇、教育や雇用や青少年保護や安全確保、社会的ケアサポートなど、どのような人たちにも適用可能です。さらに言えば、このアプローチは、個人向け、家族向け、子どものグループ向けのいずれにも、対象者が健常者であろうと障がいをもっていようと、知能レベルがどの程度であろうと関係なく適用される必要があります。

　これらの基準を満たす子どもとのかかわり方はたくさんあります。例えば、ナラティヴ・アプローチは糖尿病のリスクの高い地域全体への働きかけや、拒食症の子どもを集めた少人数のグループなどに使われてきています (Epston 1998)。また、ストレングスモデルは誰もがレジリエンス（回復力・抵抗力）を備え、リソース（資質・資源）が豊かであることを認め、その大切さを説いています (Saleeby 1992; Edwards and Pedrotti 2004)。そして、もうひとつのアプローチが本書で焦点を当てている解決志向アプローチです (Berg and Steiner 2003; Myers 2008)。

　私たちはナラティヴ・アプローチやストレングスモデルにも影響を受けて仕事をしてきましたが、解決志向の実践に集中して取り組むことにしました。この方法は、クライエントに何がいちばん役立ったかを聞き、役立った要素を残し、それ以外のものを排除していくやりかたで築き上げられました (de Shazer 1985, 1988, 1991)。解決志向では、子ども自身が本来もっている問題解決力を推進させ、子どもがそのなかにすでにもっているリソースと高い対処能力を活用します。このアプローチは子どもにかかわる人たちが、どのような場面であっても使える、適切かつ効果の高い包括理論であり実践方法であると

解決志向で子どもとかかわる

私たちは信じています。

解決志向の実践

　この方法を推し進める最大の理由は、子どもとどのように話し、子どもの話をどのように聞くかが大切な基本要素だからです。「話すこと」は中立的な活動ではありません。出来事や自分自身についてどのように話すかによって、自分自身の在り様を変える可能性を秘めているのです。「話すことで未来を築き上げ、変化を起こすことができる……問題はすでに築き上げられてしまっている。大切なのは、解決を築き上げることである」(Parton and O'Byrne 2000, p.97)。したがって、それが一般的な経験であろうと他者との相互作用であろうと、それを描写する方法や語り方そのものが、語り手が理解しているものがどのようなものであるかを示しているのです。専門家たちが公式非公式両方の場面で、子どもやその家族について交わす会話のなかで耳にする言葉を考えてみてください。その話がその子の診断についての話ばかりなら、その子を問題の向こうへと導いていくために役立つでしょうか。もしあなたのスーパーバイザーが、あなたの実践内容でうまくいっていないことにばかり着目したり、あなたの仕事に批判的で、スキルや強みをまったく認めてくれなかったりした場合、あなたはどんな影響を受けるでしょうか？　大切なのは、心配なことを小さくすることなく、その人が前に進むためにすでにもっている能力や資質をきちんと同時に見出す、バランスの良い視点をもつことです。

── 演習

　11歳のケイラは中学に入ってから勉強面で苦労していました。集中力が持続せず、難しい問題にぶつかるとすぐに諦めてしまいます。彼女は女子生徒のなかでは人気があり、クラスではウケを狙う傾向がありました。昨日、数学の教師がふざけるのをやめて自分の勉強をしなさいと注意しました。それでもケイラはほかの生徒と話をし続けました。教師が静かに彼女の机へと歩いていくと、ケイラは「分数なんかわかってるし！」と吐き捨て、部屋を飛

び出ていってしまいました。

❶ケイラを描写するのに使われる言葉は、無礼、非協力的、授業を妨害する、反抗的で手におえない、などでしょう。ケイラのことをもう一度描写しなおすのに、前記のように診断的に述べるのではなく、かつ彼女の状況に対する懸念事項を小さくすることのない言葉を考えてみましょう。

❷数学教師のケイラに対するゴールは何だと思いますか？

❸ケイラが最も望んでいることは何でしょうか？

❹ケイラに協力してもらうために、その教師はどんなふうに話しかけることができるでしょうか？

教師が今すぐ自分自身に投げかけられる質問
- これまで授業中にケイラがきちんと対応したときはいつだったか？
- そのとき、彼女はどのように行動していたか？
- そのとき、ほかにかかわっていた生徒は誰か？
- そのとき以外でケイラがその能力をきちんと示すことができていたときは？
- それはどのくらいの頻度で起きたか？
- 彼女がこれまでにうまくできたことを思い起こすと、どんな能力があると思えるか？
- 私が気づいた彼女の成功を話すことで、彼女のモチベーションが高まるようにするためには、どのように伝えたらいいか？
- ケイラがもっと成功する機会を増やせるよう、小さな一歩をどのように歩み始めさせてあげられるか？

教師が今すぐケイラに聞くことができる質問
- あなたが最も望んでいることは何ですか？
- 学校で自分にとってうまくいったことで、私が知っておいたほうがい

★ 解決志向で子どもとかかわる

いなと思うことは何ですか？
- このあいだはぶつかってしまったけれど、今日だけでいいから、いっしょに頑張ってみましょう。そのために私のできることを教えてください。
- ほかの生徒にとても人気があるわね。彼らにケイラと友達でいたいと思うのはケイラのどこが好きだからなの？　と聞いたら、何と答えるかな？
- あなたのもっているその特性／スキルをどうやったら授業で活用できるかな？

　トンプソン（Thompson 2003）は、きちんと聞くことができなければ、相手とコミュニケーションをとろうとしてもうまくいかないだろうと述べています。効果的な聞き方については次の章でさらに詳しく検討していきますが、ここでは、気づかないうちに問題志向になってしまい、効果的な聞き方の障壁となる場面について手短に説明します。

- ある子が、ADHDや失読症で認められる症状をたくさんもっているとします。しかし、だからといって、ADHDや失読症の子がすべて同じだというわけではありません。
- 子どもをカテゴリーに当てはめると、それに見合った特別な支援を受けることができる利点がありますが、一方で、問題は明らかであり、その子の心情まで理解できているという錯覚を起こさせるリスクがあります。
- 同じように、自分が対応している問題についてわかっているつもりで子どもと接すると、自分の考えに沿った一部分のみを聞き、その子どもが話していることの大部分を関係のないこととして切り捨ててしまう可能性があります。
- 同様に、問題が何か、そしてそこから自明の解決が何かを確信しているときは、聞くことをやめてしまっているときです。

❶ 効果的な会話

- とてもおかしなことですが、子どもに彼らの抱える問題の解決をアドバイスすると、効果的な聞き方をまったくしなくなってしまうのです。

✏️――演習

今度誰かが問題について相談してきたら……（友人、同僚、仕事でかかわっている子ども、どなたでも構いません）

- どんなアドバイスをするか考えて、でも、まだそのアドバイスを口に出さないでください。
- これまでやってみた対応策を聞いてみてください。何がうまくいって、何はうまくいかなかったか。
- これまで少しでもうまくいった対応策があったら、どうやったらそれをもっと行えるかを話し合ってみてください。
- これまでうまくいった方法がまったくなかったら、これまでとは違う方法でできることは何かを聞いてください。
- こうして挙がった方法を実行するために、その人自身はどんなリソースをもっているか聞きましょう。
- 自分のまわりにどんなリソースが必要かを考えましょう。
- そして、もしあなたの思いついたアドバイスが、試してみたけどうまくいかなかった方法としてすら話に出てこなかったら、そんなアドバイスは忘れてしまいましょう。

解決志向アプローチの根本的な考え方では、一人ひとりが自分の人生の「専門家」であり、自分にとってうまくいく方法をいちばんわかっているのだと心から認めます。この考えは、支援者が問題を「なおす」専門家だとする他のモデルとは対照的です。解決志向の支援者の専門性は、子どもやその家族が、自分たちの望みや希望を叶えるのに役立つ知識、強み、スキル、能力を見つけ出せるように会話を構築することです。それには、適切なコミュニ

★ 解決志向で子どもとかかわる

ケーションスキルと訓練が必要です。また、誠実さの重要性も強調しておきます。なぜなら、解決志向のテクニックを学習することは誰でもできますが、自分がかかわっている相手にポジティブに変化するために必要な資質やスキルが備わっていると心から信じることができなければ、支援者側が「問題は……」と自分の知識や仮定をもち出してしまうからです。そうなると、自分の考える解決を押しつけることになり、子どもたちの協力や創造性を押しつぶしてしまう危険があります。

解決志向アプローチのさらに根本的な側面として、問題が起きていないとき、もしくは通常よりもその頻度が低くなって、問題というほど大きなものではなくなっているときはどんなときか、子どもたち自身が見つけ出す力をもっていることを高く評価する点が挙げられます。そのときはどんな様子かを子ども自身が描くことができれば、それが明確で、具体的で、子どもが主体であることに重きを置いたゴールとなります。そのときは、「遅刻しない」のように、問題がない状態を描写するのではなく、「大学に時間通りに到着している」のように、解決したときの状態が描写されているのがいちばん良いゴールです。

学校では、グループのゴール設定を行うことも可能なことがわかりました。著者のジャッキーはこれまで、さまざまな学校と密接に取り組んできましたが、それは相手を尊重する気持ちを高め、教室や学校全体で生徒たちが安全な行動をとれるようにするためでした。教職員と生徒が望んでいることを描写してもらい、クライエント自身が導き出したゴールを構築するために、ジャッキーは次のような質問を投げかけました。

- 安全な教室を作るために何が必要ですか？
- 安全な教室とはどんな様子ですか？
- この安全な教室では、みんなどのような行動を取っていますか？
- 安全な教室では、お互いにどんなふうに話をしていますか？

❶ 効果的な会話

　一人ひとりの強みと、グループとしての強みは何かを明らかにして、生徒たちが安全な教室を維持できるようにサポートします。そして、「安全な教室でやっていいこといけないことを忘れそうになっている子がいたら、それを思い出させてあげるためにあなたは何ができますか？」と生徒たちに質問します。

　このようにしてゴールが決まったら、ジャッキーは例外、つまり問題が起きていないか、もしくはいつもよりその程度が低くなっているときを探し始めます。それがどこで、いつあったか、誰がかかわっていたか、どのようにして起きたのかなど、詳細に焦点をあてていきます。例えば、安全な教室とはいじめがまったくないことだと生徒たちがジャッキーに答えたとします。すると、ジャッキーはこう質問します。

- いじめがなかったら、あなたたちはその代りにどのように行動しているでしょうか？
- すでにそんなときってなかったかしら？
- どこで起きたの？
- いつのことだった？
- 誰がそうしていたの？
- どんなふうにしてそういう状況になったの？
- 同じような状況がもっと起きるようにできる？

　この種の会話は子どもたちにとても影響力があり、気持ちを高めることができるものです。というのは、この会話を通して、自分たちにはこれからの人生で必要な変化を作り出していくだけのリソース、強み、そして能力がすでに備わっているのだと気づくための証拠を得るからです。子どもが、自分やまわりの大人にとっての問題や困難なことを乗り越えることができたときを思い起こしにくい場合は、問題があまり起きていないときはないかと興味をもって聞いてみましょう。そして、そこからスケーリングクエスチョン（後述）をしていき

011

ます。

　これまで述べてきたとおり、このアプローチはクライエントにとって実際に役立ったことを聞き出し、それを発展させる（逆に役立たなかったことを切り捨てる）ことで作り出されました。ですから、根拠（エビデンス）に基づいたやりかたなのです。このアプローチがあらゆる種類の状況に、子どもの能力の程度に関係なく適用できることは、これまでの数多くの研究で実証されており、このアプローチが根拠に基づいたやりかたであることを保証しています（研究の概要は、Macdonald 2007 をご覧ください）。では次に、解決志向アプローチの理論と実践が政府の子どもと若者のための支援人材戦略（Workforce Strategy, DCSF 2008a）の哲学とどのようにつながっているか、そして子どもたちの視点から見て、最もうまくいった支援・かかわりや支援者についてお話します。

解決志向の理論から実践まで
子どものあらゆる潜在能力を十分に引き出し、現実的な選択肢を提供する

　解決志向の実践法は、子どもたちが自分のもっている潜在能力を十分引き出せる手助けになりたいという熱い思いに満ちています。子どもとの話し合いでは、その子が最も望んでいること（Best Hopes）、ゴールは何かを明らかにしていきます。子どもがまだ小さくて明確に伝えることができない場合は、「どの子も大切」政策で詳しく描かれている結果（p.3 訳註1参照）を使って、適切なゴールを組み立てます。解決志向の実践方法は、言葉を重視し、リソースやスキル、そしてそれらがゴールの達成にどのように役立つかに焦点をあてることを提唱しています。ここでは大人と同様に子どもたちにも、現実的で、達成可能で、自分や他人を傷つけることのないゴールを構築することが求められます。

参加――変化を起すために子ども自身に参加してもらう

　解決志向アプローチは、問題や困難となっていることが起こりえたのに起

❶ 効果的な会話

こらなかったとき、もしくは、問題が小さくなっているときを見つけ、その詳細を描いていくことで、子どもたちが自分の抱えている問題や困難に対する解決を見つけるのを支援します。例えば、ジャッキーが少年犯罪を犯した子どもたちに取り組んだとき、暴力や公共の場で問題行動をしてしまう子どもたちに、暴力的になることもできたけれども実際にはならなかったときについて聞きました。そのときは何が違ったのかを聞き、暴力をふるわないでいられた成功体験から、その方法を学びました。大人やほかの子どもに対して許されないどんなレベルの行動に対しても、このように例外を探すことは重要です。例えば、小さな子どもは先生や保護者が注意すると「いい子になる」と約束します。しかし、大人は子どもが間違っているときに指摘するのは慣れていますが、子どもが適切な行動をとっていることに気づくのは苦手なので、「いい子でいる」ためにはどうしたらよいか、子どもたちはわかっていないかもしれません。

演習

❶ 今度子どもの行動について本人と話をするときに、行動面での懸念については手短に話し、次のような質問をしてみてください。

- このような行動をしなかったときについて、どんなときのことでもよいので話してくれるかな？（例えば、「エイミーがちょっかいを出してきたけれど、彼女を叩かないでいられたときについて話してくれる？」）
- それはいつのこと？
- どこで起きたの？
- どうやってできたの？
- 難しかった？　簡単だった？
- もう一度同じようにできそう？
- そうするためには何かお手伝いが必要？

❷ 次回、やるべきことをきちんとできない子どもを助ける話し合いをもった

★ 解決志向で子どもとかかわる

ら、懸念事項について簡単に伝えたあと、このように質問してみましょう。

- これまで課題をきちんとできたことはあった？（例えば「宿題を期日までになんとか全部終えたときについて教えて」）または、
- ほとんどできそうだったときは？　または
- はじめはとても難しかったけれどできた！　というときについて教えてくれる？

（その後、❶の質問に行く）

　私たちは、子どもが直面している問題の解決を子ども自身が探せるように手助けすることに忙しいので、なぜ問題が起きたのか、問題の本質はどこにあるのかについては関心がありません。また、「なぜ？」について知ることが必ずしも役に立つわけでもありません。ウィトゲンシュタイン（Wittgenstein 1963, 1980）は、問題に対応するためには、問題の根源を知る必要があるという考え方に疑問を投げかけています。矛盾するようですが、これまでの経験から言うと、私たちがかかわってきた子どもたちは自分がなぜある特定のやりかたに走ってしまうのか理解していて、自分の行動／問題／困難に対処するための別の方法を見つけるサポートを欲しがっているようです。また、子どもたちは、自分たちが今、苦しい状況なのはなぜなのかを明らかにしたいとは思っていませんし、明らかにできるとも思っていませんが、現状を変えたいとは思っています。問題を掘り起こすことは、たとえ善意からのものであったとしても、その子に対して非常に敬意に欠けたものであるだけでなく、その子を傷つけてしまう可能性もあります。本書に書かれている例をご覧いただくと、私たちが子どもに決して「なぜ？」と聞いていないことに気づかれると思います。もし、それに対して子どもが「なぜ？」と聞いたら、私たちは逆に「あなたにとっていちばん大切なのは何かな？　解決を見つけること？　それとも、なぜなのかを知ること？」と聞くでしょう。

　さらに、ディ・シェイザー（de Shazer 1991）は、解決が必ずしも問題と関係していないと明確に記述しています。これもまた一般常識と矛盾するようですが、

❶ 効果的な会話

子どもの話を注意深く聞き、どうしたらうまくいくと思うかを聞くと、子ども自身が問題とまったく関係のない解決を思いつきます。そして子どもの思いつく解決は、私たちが想像もしなかったようなものです。クリストファーの例を見てみましょう。

✂——ケース例

　10歳のクリストファーは泣き虫で、死にたいと口にして、自分の体を突き刺したり、おしっこやウンチを漏らして下着を汚したりすることがありました。また、学校では授業に集中できず、学校の運動場で遊ぶことも、家の外で遊ぶこともできませんでした。両親は息子が死ぬことを考えていることをひどく心配していましたが、彼に何がいちばん自分にとって困った問題か聞くと、まずは「トイレのこと」をどうにかしたいと、か細い声で答えてくれました。彼曰く、4歳のときから「トイレのこと」のせいで惨めな人生になってしまっているとのことでした。

　彼は1日に何度もトイレに行き、ずっと便座に座っていました。排泄を済ませると流しますが、うんちはずる賢くて「またのぼってきて、僕のおしりに入ってくるんだ」というのです。この問題を彼は「うんちパンツ（Pooh Pants）」と名づけていました。

　過去に何度かうんちパンツを出し抜いて打ち勝ったことがありましたが、どうやったか覚えていませんでした。うんちパンツは光るパジャマを着ているとあまり悪さをしないそうです。また、うんちパンツは白いトイレットペーパーが好きで、緑と桃色のトイレットペーパーは嫌いみたいだとのことでした。そこでこれらの解決がうまくいくか、家に帰って確かめてみることになりました。

　次のセッションでは、前回のセッションから一度もパンツを汚すことがなかったと母親が報告してきました。クリストファーは、桃色よりも緑色のトイレットペーパーのほうがよく効くと教えてくれました。

（Milner 2001, pp.94-97）

★ 解決志向で子どもとかかわる

参加――さまざまな立場の人と子どもがかかわりをもつ

　私たちが好奇心を抱いてこのようなスタイルで会話を進めると、子どもたちは自分に力が湧いてくるのを感じます。解決志向のかかわり方の根本的な原則は、支援者側に問題をつきとめ解決を見つけ出す責任はない、支援者はその専門家である必要はない、というものです。その代りに必要とされる責任や専門性は、子どもたちが自分なりの解決を見つけられるように会話をつくりあげていくことです。この流れは特定の質問形式に従うだけのものではありません。それには子どもたちやその家族は自分たちのことをいちばんよくわかっていて、彼らが自分たちの人生の専門家であると心から信じる必要があります。自発的に話に来たか、強制的に連れて来られたかにかかわらず、このアプローチは子どもにも家族にも同程度に効果があることがわかりました。保護者が参加することと、子どもの達成と幸福（well-being）には相関があることが証明されています（DCSF 2008a）。家族といっしょに取り組むことが大切だということは、子どもや若者たちの総合的な取り組みへの意見でも証明されています。それは、

- 私のことをわかってくれる、聞いてくれる、耳を傾けてくれる人。
- 私のことや私の家族、保護者のことをわかってくれて、現状がどうかを話してくれる人。
- 私のことを一人の人として理解してくれて、これから起こるかもしれない問題についてだけでなく、私の強みについても話してくれる人。

（DCSF 2008a, Annex C）

　前記をご覧いただいても、子どもの人生において重要な部分を占めている人たちと支援者のかかわり方が重要なカギとなっていることがご理解いただけると思います。子どもの安全を確保する保護者の能力が心配であり、それを保護者自身とも共有するような難しい状況であっても、相手に敬意を払い、誠実で透明な会話をもてば、こういった人たちとかかわりあう際の協力体制

を築くことができます。

透明性

　子どもたちや若者自身が彼らとかかわるあらゆる人に何を求めているかについての話し合いのなかから、コミュニケーション、特にそれがどのようにしてとられるか、そしてその内容の関連性と重要性が、とても大事な事項であることが浮かびあがってきます。このことは、解決志向を実践するうえでの中心となる考え方と合致します。つまり、言葉が非常に重要な役割を占めると認識することです。なぜなら話し方は、そのことに対する特別な理解を創り上げるからです。ケース会議で専門家たちが話し合う際に使われる言葉が子どもや家族に対して断定的であったり診断的であったりするとき、このことを実感します。このような言葉づかいでケースが共有されているほど、子どものモチベーションは低下し、専門家と子どもたちの関係性にも悪影響を与えるでしょう。だからといって、誰かが罪を犯したり、子どもが傷つけられているような場合にも、そのことを取り上げなかったり、注意して取り組まないほうがよいと「誤解」しないでください。まったく逆です。モチベーションや変化、安全性を高めるためには、懸念事項とともに、状況が今と違っていたとき、もっと良かったときについても見極めるバランスが必要になるのです。児童保護の枠組みにおいてかかわりをもちながら、透明性を保ち相手に敬意を払った会話をすることは可能です。

　子どもたちや若者に聞いた調査結果から（DCSF 2008a）、彼らが支援者とどのような経験をしたかによって、その後のコミュニケーションやかかわりあいが良くなることも、逆に悪くなってしまうこともあることが明らかになりました。ホワイトとベイトマン（White and Bateman 2008, p.9）は、「かかわりあいは、人と人とが知り合うにつれて、お互いに提供すべきことがわかってくるような関係のなかで、しだいに増えてくるさまざまな行動のなかに生まれてくるものだと考えるとよいだろう」と述べています。このような「行動」には、誠実で隠し立てのない対応、相手に十分な時間や機会を与えること、そして実践家と

★ 解決志向で子どもとかかわる

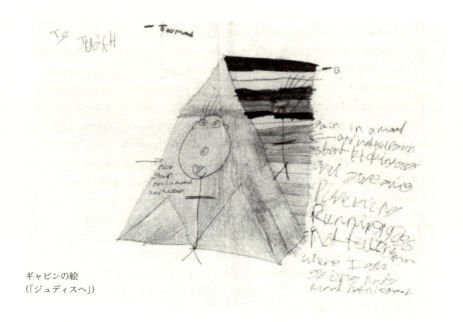

ギャビンの絵
(「ジュディスへ」)

しての私たちがこれまでとは異なるどんな支援ができるか、かかわり方のレベルを上げるには何をすべきか振り返ることが含まれています。

　子どもたちが自分の考えを述べて、最終的に完全に彼らに関与してもらうようサポートするときには、子どもたちとのコミュニケーションをきちんととる方法を見つけることがとても大切です。これはごく当たり前のことのようではありますが、実践家と子どものどちらの話からも、何かを適切に表現する言葉を見つけるのはとても難しいことは明らかです。例えば、ギャビンは5歳ですが、実際の年齢よりも幼い行動をとっていました。すぐにかんしゃくを起してしまうので、母親はもっと自分の気持ちをコントロールできるようになってほしいと願っていました。ギャビンは座って自分のかんしゃくについて話すことは嫌がりましたが、そのことについての絵を描いて、その絵が何を意味しているのかを話すことには喜んで取り組みました。自分の絵について説明する姿から、驚いたことにギャビンは複雑な概念もよく理解していることがわかりました。「落ち着いていること」が自分にとってどういうことな

のかをわかっているだけでなく（青い色で塗っています）、かんしゃくをコントロールするには段階を踏む必要があることもわかっていました（順番に明るい色で縞模様を描いています）。

アセスメント

子どもたちが自分の強みに気づいてほしいと思っていることを認めることもまた重要です (DCSF 2008a)。強みを強調し続けると、子どもたちが私たちとの取り組みにモチベーションを高めることができるとわかったので、家族との初めての話し合いでは、家族一人ひとりの強みを聞くようにしています。すると特に保護者は、私たちが彼らや子どもたちが得意なことは何かに興味をもち、知りたがっていることに驚きます。解決志向の実践では、強みについて話し合うことがとても重要な役割をしめています。それは人生が辛い状況にあったとしても、人には必ず人生の質を向上させるために活用できる強みがあるからです。子どもとかかわる仕事についている人たちは、子どもの強みを認めて、その強みをその子がどのように活用したいと思っているかを尊重すべきです。つまり、「サービス利用者にかかるストレスについて考えると、そのストレス下においても利用者が頑張り続ける力があることに、感銘を受けざるを得ません。いつも頑張っているわけではないかもしれませんが、私たちが想像する以上に本人たちが頑張っている場面があるのです」(Howe 2009, p.101)。

強みに焦点をあてれば、支援者が子どもたちの抱える問題について判断を下したり、彼らを非難したくなる誘惑から逃れ、とても難しい状況下でも、どうやってなんとか頑張って生き抜いているのかを探す方向に考えをもっていくことができます。どんな環境でも、たとえ最悪に厳しい環境であっても、そこにはリソースがあります (Saleeby 2007 p.285)。強みについて話を進めると、子どもや青年たちの不安が減少することがわかりました。特に、その子が何か攻撃的なことをしてしまい、保護者や先生から否定的な言葉でたくさん叱られると思っている場合に顕著です。その代わりに子どもは、保護者が自分の長所や強みについてどのように思っているかを話す姿を見るわけです。また、セッションの終わりに保護者と話してみると、彼らは自分の人生や子ど

もの人生における専門家であり続けてよいのだという気持ちを経験したことで、これからもかかわっていこうとする気持ちが高まっていることがわかります。子どもを育てるのは政府ではありません。保護者です。ですから、保護者にこそ建設的なサポートが必要なのです（DCSF 2007）。子どもが何か問題を起こしてしまうと、保護者はたくさんの非難を浴びます。すると、子どもに対して怒ったりがっかりしたりすることで、自分が受けた否定的な気持ちをそのまま子どもに浴びせてしまいます。ジュディスはいつも初回面談で強みについて話し合ったあと、最後に「○○くん／ちゃんとこれまでどのように接してこられたかはわかりませんが、こんなにたくさんの長所をお持ちのお子さんですから、何かすばらしく適切な対応をなさってきたに違いありませんね」とコメントすることで、この悪循環に陥らないようにしています。このコメントを聞くと、保護者は会話のなかで見つけ出した強み、リソース、資質やスキルなどを活用して子どもといっしょに問題に取り組めるようになります。

✎——演習

みなさんを「反舌打ち隊」の活動にご招待します。今度スーパーマーケットやカフェ、順番待ちの列などで、お行儀の悪い子どもを見つけても、舌打ちしたり、怖い顔で子どもを見たくなったりする衝動を抑えてください。その代わり、お行儀の良い子を見つけて、その保護者に気づいた点を伝えてあげましょう。保護者は突然の称賛の言葉（コンプリメント）を受けることに慣れていないため、気恥ずかしい思いをするかもしれません。ですから、称賛したら速やかにその場を離れることをお勧めします。その子がその後も公共の場で同じように行儀よく振る舞えるようになるといいですね。ほかの大人もその行儀の良さに気づいてくれるはずです。それは、あなたかもしれません。

フィードバック

どの程度のかかわり方であっても、子どもとかかわる際には必ず建設的なフィードバックをすることが大事です。達成したことに対して担任の先生から賞状をもらったり、セラピーで最後に話し合ったことのメモのコピーをも

らったりすることでも可能です。これは、単に「ほめる」ということではありません。子どもたちの能力、自分の人生をコントロールできる感覚、問題解決力を明らかにすることです。子どもは自分ができたことを練習するといちばん早く上達し、間違えてしまったことを繰り返すと落胆してしまうことは、スポーツ指導員なら誰もが言っていることです。できたことを繰り返し練習すれば、モチベーションが向上し、自分のスキルを使い自分ができていることにさらに熱心に取り組む助けとなるので、成功する頻度を上げることができるからです。

安全保護

　解決志向アプローチは児童保護の枠組みや責務において、かかわっている青年やその家族に対しても、さらに大きなコミュニティに対しても活用できます。それは次のようなものです。ターネルとエドワーズ (Turnell and Edwards 1999) は、包括的な (リスク) アセスメント、「サインズ・オブ・セイフティ」アプローチをつくりました。このアセスメントでは、問題点と安全性の両面に関して記述するとともに、専門家と家族両者の見解とゴールを描きだします。児童保護の仕事では、安全を作り出し、そのレベルを高めることが最大の解決となります。したがって、保護者と子どもは安全だということがきちんと測定できる行動を示すよう求められます。このアセスメントは、まわりが心配していることを保護者が理解し、自分たちの強みや適切な育児を認識できるように構成されています。この方法は非常に明確で透明であり、専門家たちがもう心配しなくてすむような状況にするためには何を変える必要があるのかが理解できるようにできています。例えば、ロザラムのバーナード基金のジャンクション (The Junction) プロジェクトは、性的な問題行動や自他を傷つけるような問題行動を起こした子どもや青年たちに対して支援者が働きかけを行うものです。しかしそこでは、子どもとその家族も、このリスク／安全性のアセスメントを行いました。これから行う面談の目的を説明したあと、支援者が大きな模造紙を床に広げて二つの欄を書き込みました (もしくは、子どもにこの作業をお願いすることもあります)。左の欄の上には「懸念事項」もしくは「心配なこ

と」と書きます（子どもの年齢によって言葉を選びます）。そして、右の欄がそれに対応する安全性ということになります。そして、すべての人の懸念事項が挙げられ、それに対する参加したすべての人の安全が十分に確保されたら、どんなことが違っているかについてはっきり理解します。傷つきやすい子の場合は、より安全性を高めるためのリソースとなる本人の強みを探します。それから支援者は、これまでの話にあがった言葉や聞いた答えを模造紙に書き込んでいきます。また、「この行動に気づいてから、より安全にするために、それまでとは違うどんな行動を試してみましたか？」と質問しその答えも書き込みます。

話し合いで共有した内容（これらの質問に対する答えなど）は右側の「安全」欄に書き込みます。このような質問を投げかけていくと、この支援者が自分たちを非難したり、今後はこうすべきと指図したりせず、すでにある安全性のレベルにあわせて話を進めてくれるのだということを家族も理解します。すると、この支援者といっしょに、この流れに沿って考えようという意欲に大きな違いが生まれ、話し合いに対する不安は減っていきます。子ども自身やそのほかの子どもの健全な暮らしになんらかの懸念がある場合、地方自治体にその旨報告することははっきりしています。例えば、安全のサインがほとんどないか、まったくない場合は、懸念されていることが増えていることになります。

✂——ケース例

14歳のスティーブンは、家族ぐるみのつきあいのある年下の友人に不適切な触り方をしたのが見つかり、相談所に紹介されてきました。初めての家庭訪問で、スティーブンの言葉は汚く攻撃的で、ジャッキーが来たことに明らかに不満そうでした。彼はすぐに部屋を出ていってしまいました。母親と姉妹たちは対処が難しいスティーブンのさまざまな行動について話し始めました。15分ほど問題に関する話を聞いたあと、ジャッキーは家族が現在抱えている困難な状況を受けとめ、彼らが心配していることを書き出しました。それから今度は状況が良かったとき、スティーブンが責任ある、信頼のおける行動、

皆の役に立つような行動をとったときのことを話してくださいとお願いしました。また、母親には、親として自分の子どもたちの誇りに思う点を聞かせてほしいと伝えました。すると、スティーブンが家事の手伝いをしてくれたときのこと、誰にも言われなくても自分の部屋を綺麗に掃除していたときのこと、学校にはきちんと時間通りに通っていること、姪にはとても優しく接してくれていることなど、最近あったことの話が出てきました。この会話をしているときに、ジャッキーはスティーブンが階段の上の段に座っていることに気づきました。でも家庭訪問の最後には、階段のいちばん下の段に座っていました。その後、ジャッキーはスティーブンに手紙を書き、家族から聞いた彼の責任感や強みやすばらしい資質を共有しました。2度目の訪問で、スティーブンはジャッキーと話して安全性を高めるための行動を始めることに同意しました。

この安全のサインのアセスメントでは、子ども、その家族、かかわる専門家にも、それぞれのゴールについて質問します。そうすると、専門家の介入を終わらせるには、どんな違いを生じさせる必要があるのかを明快に理解することが、家族にとって助けになるのだと判断します。そして最後には、第三者の視点から見ても、対象となっている子どもが自分の性的な行動をコントロールできるようになっているかを確かめます。これにはスケーリングクエスチョンを用います。例えば、「あなたが性的に不適切な行動をまったくコントロールできていない状態を1、すっかりコントロールできている状態を10としたら、今日はいくつかな？」とか、「あなたの○○（今回の問題にかかわりのある人）に聞いたら、いくつだと答えるかな？」。スケーリングは個人の考えを描き出すだけでなく、進歩したことや安全のレベルについての話をさらに膨らませていくことができます。例えば「なるほど。今あなたは7のところにいるのね。7のところにいるあなたはどんな行動をとっているの？　まわりの人たちは、どんなことから7のあなたは今までとはちょっと違うなと気づくかしら？」。このような質問に対して、子どもは安全性を高める点で進歩があった

解決志向で子どもとかかわる

と主張できる根拠について話をすることになります。その後は「さらに1上がると、どんなことが起こっている？」という質問になるでしょう。スケーリングの際に以前よりも低い数値が返ってきたら、こう質問してみましょう。「今日は5なのね。4まで下がらなかったということは、まだ安全な部分があるのね。それは何かな？」それから、このように聞きます。「では、7に戻るためにはどんなことが起こっている必要がある？」。このように未来に焦点を当てた会話は、子どもや若年たちが今後必要なステップ、順序立ったプランを考えることができるようにします。今後の安全性に焦点をあて続ければ、支援者は、なぜこんなことが起きたのかという考えに巻き込まれたり、誰かを非難したり、失敗したと落胆したりすることもなくなります。

キーポイント

- 解決志向の実践が、子どもにかかわるすべての人たちにとって特に適切な方法であるのは、子どもの強みをベースに、関係者一人ひとりに参加する機会を与えながら、参加者全員に実践を包み隠さず見せて、そして何よりあらゆる子どもに大きな望みをもつことを根幹としている方法だからです。
- 解決志向の実践方法の土台となっている考えは、子どもには自分なりの解決を見つける能力があるという、揺るぎない信念です。また、実践の原則は、うまくいっているときにはもっとそうする、うまくいっていないときには別の方法を実行する、というものです。
- テクニックを習得すれば、解決志向の考えや原則を守り続けることができます。解決志向の実践は学習能力の程度に関係なく、摂食障がい、暴力、依存症、精神疾患などあらゆる問題に対して効果があり、その効果は持続することがわかっています。(Macdonald 2007, Chapter 6)

解決志向の実践のポイント

- 自分の理論が誰にでもあてはまると思わないこと。その代わりに他者がどのように違うか常に「興味をもつ」こと。
- 誰でも自分ができることを知っているし、それを実行できると信じること。ときどきそれに気づかないことがあるだけ。助けとなる適切な質問をして、彼ら自身がそれに気づけるようにしてあげること。
- 問題が問題である（「誰かが問題」ではない）。だから、あなたといっしょに、子どもや家族にも問題に立ち向かってもらいましょう。
- 解決がなければ問題ではない（少なくとも、変える必要のある問題はない。ただ対処すべきことがあるだけです）。
- 解決を理解するために、問題を理解する必要はない。ただし、純粋に身

解決志向で子どもとかかわる

体の問題である場合と、薬物治療に関する場合は除きます。
- 変化に抵抗する人がいても心配しない——問題に抵抗するように励ましましょう。
- 10が最高の状態、1が最悪の状態とするスケーリングクエスチョンを大いに活用しましょう。
- 責任を負いすぎない。責任とはホールケーキのようなもの。あなたがたくさん食べれば食べるほど、ほかの人が食べる部分が小さくなる。あなたの責任は、適切な質問をして相談の対象者がもっとケーキを食べるように導くことです。
- 誰にでもOKな部分が必ずある。それが何かを考えるために時間を費やすこと。その部分がわかれば、OKでない部分を修正することができる。100％悪いことだらけの問題は存在しない。だから、問題の「例外」について話しましょう。
- 問題をもっと理解しようとする代わりに、人々が「うまくやれていること」を探しましょう。
- ゆっくり進めること。相手が望んでいることに立ち戻ること（望んでいることがこれまでに少しでも起きたことは？　過去にうまくいった対処法は？）。強みや成功したときについて時間を割けば割くほどよい。これだけのことに耐えなくてはいけない状況「にもかかわらず」それに対処していることを称賛しましょう。
- 解決は必ずしも問題と関係がないことを覚えておきましょう。
- 答えが見えている質問はしないようにして、ネガティブな状況を避ける。例えば、「調子はどう？」に対する質問の答えが「サイアク」だろうとわかっていたら、その質問はしない。その代わりに、「前回会ったときから良くなったことは？」と聞いてみる。「何もない」という答えが返ってきたら、「前回会った直後に何か良くなった？」「前回の話し合いの次の日は？」「今朝は何か良くなっていた？」と聞いてみる。このような質問を

通して、あなたが前回より悪くなったことや前回と変わらないことよりも、前回よりも良くなったことに興味があるというメッセージが伝わります。
- 話し合い、イメージして、どうやって始めるかを考えることで、可能性を現実のものにすることができる。つまり、そのときどんなふうになっているか、子どもはそのとき何をしているか、どのように感じているか、ほかの人は何に気づくかなど、詳細に話を進めることが大切です（Milner and O'Syrne 2002）。

これからの各章で、一つひとつのキーポイントについてさらに詳しく説明していきます。

❷ 子どもと真剣に向き合う

　第2章では、子どもとかかわるときに最初に必要な、そしてたぶん最も大事なスキルである、効果的なコミュニケーションスキル、そして人とつながりをもつスキルについて見ていきます。別の言い方をすれば、良いスタートを切ることです。子どもとのあらゆる解決志向実践の基礎にあるものは、子どもと一人の人として真剣に向き合い、彼らの権利を尊重するという基本原則です。これは言われるほど自明なことではありません。専門家は子どもを中心にすることの重要性、つまり子どもとの関係を築くために子どもとつながりをもつこと、子どもの発達について十分理解すること、そして子どもに敬意を払うことの大事さについて話します。しかしながら、子どもが彼らを支援してくれている支援者について話していることを調べてみると、すぐに子どもたち自身が考える「子ども中心」とはどういう意味なのかわかってきます（DoH 2000, p.45; DCSF 2008a）。

「子ども中心」になる

　大人が真に子ども中心になるのはとても難しいことです。それは単純に、大人はやはり大人だからです。大人は子どもの話を聴き、彼らと相談し、面談に招くこともありますが、たいていはこれを「選択的に」行います。これは大人が働いている機関で求められる条件、進め方、サービス形態に基づいて無意識に選択された進め方になっています（Gill and Jack 2007, p.53）。

　子どもとかかわる職場で求められる条件は、それを実行することの難しさが考慮されていません。子ども中心であることは望ましいことであるだけでなく、すべての専門家は子どもの利益を最優先に考慮しなければならないと

★ 解決志向で子どもとかかわる

実際に規定されてもいます。しかし、マレンダー (Mullender 1999a) は、これが一人ひとりの子どもが必要としているものをあまり明確に説明していない、疑わしくどうにでも取れる言い回しであると考えています。さらに彼女は、子どもの発達に必要なものについて有効な心理学的調査結果が大量にあるにもかかわらず、「個々の子どもについてなんらかの予想をすることがまったくできていない」(Mullender 1999b, p.11) と述べています。青少年精神保健サービス政策 (CAMHS) (DoH 2008) では、一般的な子どもの発達の理解に基づいた介入は必ずしも個別化する必要はないが、専門家は子どもの発達について理解する必要があり、かつ、個々の子どもに対してはその子向けのサービスを提供しなくてはならないと提案しています。

　子どもの発達についての十分な知識が必要とされるのは明らかです。知識があれば子どもの年齢や理解力に応じて彼らと対話できますし、また彼らが一般的な発達指標に沿っているかどうか査定することができます。しかし、すべての子どもが行っていることが〈発達〉だと想定することには危険が伴います。

　テイラー (Taylor 2004) は、子どもを大人未満とみなして、権利をもち、自分の人生を生きていて、今ここで何かを成し遂げている一人の人物とは考えないことは、彼らの理解力や論理的思考力を過小評価することになり、決定する力がないとみなすことと同等であるとして異議を唱えています。このことで子どもたちは誤解されてしまうこともありえます。

　私たちは大人として自然と物事を大人の見方で見てしまいます。したがって、子どもと話をする際には、彼らがどのように自分にかかわってくるかに目を向け、自分の好みの理論や知識を通して彼らの話にフィルターをかけます。大人からすれば、健康への長期的な危険（喫煙や薬物使用）、福祉（妊娠や青少年非行）を気にかける可能性が最も高くなります。もちろん子どもは子どもで自分たちの観点から物事を見ます。子どもは、ほかの子どもとの日々の関係、危害（例えばネットでのいじめ）や屈辱（恥をかかされる）を受けずに安全でいられること、そして笑えることに最も関心があります。

子どもとの関係づくり

子どもとどうやって最善のコミュニケーションをとるか、その方法は、主としてカウンセリングの研究の影響を受けています。そこでは、子どもとの関係づくりは、治療関係が築かれていく過程だけででき上がるのが自明のこととなっています。そしてその関係は、

- 時間をかけて発展するもので、
- おそらく抵抗されるもので、
- 子どもは思っていることとは違うことを口にしてしまうこともあり、
- 穏やかな解釈が必要とされる。

……といったものです。カウンセリングを受けている大人の大半は、このような解釈方法がとても有益であると思うでしょうし、それほど心理学に関心がない人は、意図的にカウンセリングを避けたり、別のカウンセラーを物色したりすることもできます。しかし子どもたちには、選択肢がありません。「もういやだ」と異議を唱えても、「抵抗」は当たり前だとされるどころか、改善の兆候でもあるという理由で無視される。私たちはそんな心理セラピーを受けている子どもたちに出会います。ここでの問題点は、大人が子どもの心や、より広い意味でのその子の世界の専門家になっていることです。このような完全な思い違いはよくあることです。

✂──────ケース例

サイモンは両親が離婚したときに首を吊って自殺を図り、精神科で入院治療を受けていました。3年後、彼は友達と仲たがいをして、先生に「生まれてこなければよかった」と話したので、学校は彼にカウンセリングを勧めました。学校の先生たちは、彼がまた自殺を図るのではないかと心配していました。取り消し線がたくさんある黒くとげとげしい彼の文字が、「自殺念慮」を示すものと「解釈」されたことによって、その危惧は増幅されていました。

★ 解決志向で子どもとかかわる

　サイモンと話をしてみると、彼の精神的な病歴のために、他の生徒が彼をからかっていることがわかりました。彼は「首つり男」と呼ばれていたのです。彼の黒くとげとげしい文字は、以前の学校で筆記体の書き方を学びそこなったからと彼は説明してくれました（その頃彼は精神科に入院していました）。そして彼は、焦ると間違いを犯しやすいこともわかりました。彼の解決は次に「首つり男」と呼ばれたら手で首をつるフリをすることでした（嘲りはこれで止みました）。取り消し線の解決には修正テープを使いました。

(Milner 2001, pp.131-132)

　遊びを通じて幼児に間接的に自分のことを表現させる場面では、さらに誤解が生じることもありえます。支援者はさらに専門家になってしまい、こういった子どもとのかかわり方は、幼稚園で奨励されている遊びとは別の、もっと特別なものだとみられています。おかしな話ですが、それは子どもと間接的にコミュニケーションを図ることが目的であるにもかかわらず、子どもとの「直接的」なかかわり方だと言わることがしばしばあります。この専門性の中心にあるのは、変化は治療的な関係のなかで起こるという考え方です。この考え方では、子どもと家族や友達との普段の関係が置き去りにされる危険性があります。この考えでは、大人の側にすべてを修復する責任が大きな重荷としてのしかかり、同時に大切なリソースを無駄にしてしまいます。
　前章で述べたように、こういった実践と解決志向の実践はまったく違います。解決志向の実践は次のようなものです。

- 子どもとの関係づくりは難しいという思い込みを捨てる (Berg and Steiner 2003)。
- 子どもの暮らしのなかの大事な人たちの代わりになろうとしない。そうではなく、その人たちを子どもの支援チームの大事なメンバーに加える。
(Barnardo's, undated)
- 抵抗を恐れない。解決志向の実践において抵抗は、単に彼らがどのように支援してほしいのかを私たちがまだわかっていないことへの異議申し

立てであり、したがって抵抗は彼ら独自の協力の仕方であると理解する。
- 相手との関係は必ずしも長期にわたるとは限らない。相手との関係は短期間なもので、目的が達成されるまでの間にも変化するものとみなす。
- 関係は隠し立てなく、誠実で双方向でなくてはならない。

子どもに敬意を払う

　子どもは大人からどのように対応してほしいか、とてもはっきりと話します。彼らが願っているのは、注意深く、矮小化されることなく話を聞いてくれること。定期的で予測可能な形で接触が可能なこと。自分を受け入れ、きちんと説明をしてくれて、選択肢を提案してくれること。現実的で信頼できて包み隠さず話をしてくれること。守秘義務が信頼できること。何か行動を起こす前に彼らと相談してくれることです (DoH 2000, p.45; McNeish, Newman and Roberts 2002)。ほぼ10年後に政府が再び子どもと話し合ったところ、彼らは大なり小なり同じような発言をしました (DoH 2008)。このことから、もしみなさんが時間にルーズで、頼りにならず、礼儀正しくなくて信頼がおけない人なら、どんなに的確な共感ができてもむだなことが明らかになりました。私たちはこれに、清潔で身なりがきちんとしていることをつけ加えたいと思います。子どもはみなさんの容姿を気にしないと考えることは失礼なことです。このような基本を守れば、みなさんが子どもに対して真剣に向き合っていることが伝わります。これはみなさんが、失礼な行動をとる子どもとかかわっているときには特に大切です。というのも、彼らはもっと礼儀正しく、敬意を払うようになれと言われながら、失礼な扱いを受けているからです。また子どもは、かかわっている私たち自身のことを話してほしいと言います。彼らはどうして私たちが彼らと話すのか、いつもわかっているわけではないのです (DoH 2008, 1.2)。

みなさん自身のことを話す

　子どもとの会話が有益であるためには、その会話の目的が何であるのか子

★ 解決志向で子どもとかかわる

どもが理解している必要があります。また彼らは、私たちは何ができるのか／できないのか、いつどこでそれをするのか、私たちやほかの大人の関心事は何か、ルールや枠組みの詳細、どれくらい時間がかかるのか、どこで私たちと連絡がとれるのか、知っている必要があります。例えば、水泳の指導員は子どもたちに水のかき方について説明しますが、ダイビングについての話はしないでしょう（自らの役割について現実的です）。また、いつどこでレッスンが行われるかを詳しく説明します（時間を守り、定期的に予定通り会います）。子どもたちが浮き具を着けるか、プールの浅い所で練習するか（安全確保）、どこで服を着替えられるか、水着や服に着替える時間はどれくらいかも説明します（プライバシーと、子どもが恥ずかしい思いをしないようにするため）。そして子どもたちがうまくできれば彼らを次の一歩へと励まします（学習の促進）……などなど。私たちジャッキーとジュディスは、複雑な問題を抱えた子どもとかかわっています。たぶんこういった子どもは、私たちに会うのが不安で、とても嫌がっているでしょう。そこで私たちは解決志向の流れと私たちについて、次のようにさらにきめ細かく説明します。

　　こんにちは、私の名前はジャッキーです。私が家族とかかわるときは、問題より解決のほうに焦点をあてたかかわり方をします。つまり、私たちがいっしょに努力してうまくいったとどのようにしてわかるかな？　とか、私と会って、どんなことが変わればいいと思う？　という質問をいくつかします。その答えがわかったら、私はそれがいつ起きたか／起きているか、それが起きるためにあなたが何をしたか／しているかをいっしょに探していきます。
　　これで私が、解決、つまりあなたの暮らしがうまくいくようになるとどうなっているのかについて話し合いたいことが理解してもらえるでしょう。私は、いつもは問題についての話はあまりしません。話すことが役立つときだけ話します。ですから私たちの話し合いでは、あなたが話し合いたいなら問題についても話しますが、問題について必ず話さなければならないということはありません。それから、話し合いにはいくつかルールがあります。ひとつ目は、もしあなたが休憩を取りたいと思ったならいつでも遠慮なく部屋を

❷ 子どもと真剣に向き合う

離れて構いません。あなたが部屋を出たら、ほかの人はあなたの良い点だけ話してもよいことになっています。それから、もし私の質問にあなたが答えたくなくても、うつむいて手を見ないでね。私はあなたが話したことを、参考のためにあとであなたに渡してあげようと書き留めるのに忙しくて、気がつかないかもしれないからです。そんなときはただ、「よけいなお世話だ」と言ってくれれば結構です。あなたが礼儀正しい人なら、「パス」と言っても構いません。どちらがいいですか？　では、すべてがうまくいくと、あなたの暮らしにどんな違いが生まれますか？　あるいは問題がなくなったなら（などなど）どんな違いが生まれるか話していただけますか？

そして、子どもについて伝えられてきた情報が正しいかどうか確認します。こういった会話は透明性を促進し、すんなりと先に進めることができるので、役に立つことに気がつきました。さらに、この方法を使っていくことで、長い目で見たときに、私たちが関与しない場面でも子どもと家族が困難に対して今までとは別の考え方や対応ができるように願っています。また、同様に彼ら自身の家族での会話が、互いの弱みを認識する代わりに、その強みを考慮するものへと変化することを願っています。私たちは、この進め方が子どもやその家族に劇的な変化を生じさせるのを目のあたりにしています。その効果はすぐに表れることもよくあります。

✂︎――――ケース例

　ジャッキーは14歳になるサラが弟に不適切な接触をしたとのことで彼女の家族を訪れました。そこにはサラへのとても複雑な感情と同時に、必然的に多くの悲しみや憤りが漂っていました。ジャッキーは、訪問してすぐの時点ではただ座って家族が娘にネガティブな感情を吐き出すのを聞いていました。その内容は最近示された行動に関するものだけでなく、家でも学校でもよく見られる行動、態度に関するものでした。しばらくしてジャッキーは穏やかに口を差し挟み、親としてサラのどんな行動を誇らしく思ったことがあるか、

★ 解決志向で子どもとかかわる

　親としてどんなスキルをもっているか、サラが責任ある、思いやりに満ちた行動をとるのはどんなときか質問しました。両親は、その質問に答えるのは難しいと言ってはばかりませんでしたが、ジャッキーはそれを受け入れました。しかし同時に、両親はジャッキーが自分たちの強みに関心を向けることに驚きの声をあげました。ほかの専門家からは、親として役立たずで不合格だと言われているような印象を受けてきたからでした。ジャッキーは、私たちがここに集まっていっしょに取り組んでいる理由を忘れたり無視したりしてはならないけれど、一方で、この先の安全のためにどうしたらよいかを考えるときには、これまでに安全な行動が示されたときや、一人の人間としての、家族としての強み、安全な行動を起こす能力に焦点を当てて会話をすることが大事だと説明しました。このように説明して特定しておけば、こういった能力（コンピテンス）がもっと見えやすくなります。

　次の面接で、サラの母親はジャッキーに少し話ができないか尋ね、そしてリストを取り出しました。そこには、前回会ってからサラが行った8つの前向きな出来事が書かれていました。でもジャッキーは、家族にリストにするように頼んではいませんでした。このことでジャッキーは、取り組みの進め方、特にどんなふうに取り組みが着手されるのかを先に説明する時間を取ることの有効性、有用性を確信したのでした。この出来事以来、今もジャッキーはたびたび家族、先生、ソーシャルワーカーなどに、能力や強みなどが示されたときのことを実際に文書に記録してもらうようになりました。

　話し合いの最初の段階で（そして全体を通して）強みをもとにした会話を容易にするのに役立つもうひとつの方法は、ストレングスカードを使うことだと気がつきました（http://www.innovativeresources.org/）[訳註1]。これは、例えば我慢強い、手際が良い、思いやりがある、といった個々特定の資質が一枚一枚に描かれたカラフルなカード集です。このカードは個人との面接でも家族やグループ面接でも使うことができます。家族やグループ面接では、それぞれの人に、自

［訳註1］日本語版は有限会社ストレングスカード・コムで購入できる（https://strength-cards.com/）

分の特定の資質を表すと思うカードを選んでもらいます（1枚か2枚に制限することもあります）。また、家族の誰か一人に、家族の別の人の資質を表すカードを選んでもらうこともあります。大事なことは、その特定の資質がどのような場面で発揮されているか、詳しく生き生きと表現してもらうことです。これを使うと、家族間の素敵な会話を聞く恩恵に預かることがあります。また同時に、自分が行った貢献や努力が認められているとわかってくると、子どもや家族にプラスの衝撃が走るのを目のあたりにします。しかし、特にその子の行動が強く批判されてきた子どもには、これを実行するのが難しいときがあります。その場合、彼らをさらなるプレッシャーにさらさないよう、ゆっくり進めることが大事です。同様に、困難な状況にある家族は「良い側面」をなかなか見ることができないこともあります。それが、最初に取り出してもらうカードを1枚か2枚に限定する理由でもあります。そして家族が良いところ探しのスキルを羽の生えそろった鳥のように十分身につけたら、6枚まで増やしていきます。

みなさんが子どもと話をする場所によって多少の違いが生じることもありますが、大きな違いではありません。おもちゃや設備がたくさんある特別な部屋である必要はありません。多くのみなさんは子どもたちと、めちゃくちゃな家庭、教室、ときには路上で話をしていることもあるでしょう。小児検診を行う看護師グループは、病院へ行くことのできない家族と電話で解決志向による会話をすることすらあります（Polaschek and Polaschek 2007）。

必ずしも静かな部屋に相手を連れ出す必要はありません。どんな場所であっても彼らと有益な会話をすることはまったく可能です。たとえ静かな部屋で子どもと会話をするとしても、彼らは立って話す方が楽であったり、部屋の反対側や階段から話した方が話しやすいこともあります。いずれにしろみなさんが子どもに敬意をもって対応し、自分の考えをしまっておいて、純粋な好奇心を示すことができている限り、それは問題ではありません。例えば絵や文章で対話するのが好きな子ども向けに紙と色ペンなど、どんなものでも必要な「道具」をカバンのなかにもち歩くことができます。また、例えば教室のなかとか忙しい家庭のような大人数のグループとかかわるときには、

子どもが一対一で話をしたいときの合図を子どもに（事前に）知らせておくと便利です。私の知り合いのある先生は、先生と話をしたいときは、それがわかるように、自分の本を先生の椅子の上に置いておくよう生徒に頼んでいます。それを見たら、時間ができ次第その子と話すようにします。子どもが話しかけたいときに、食事の支度や洗濯機から洗濯物を出すのに忙しいことがよくある保護者には、家の置物のひとつを少しずらしておくなど、秘密のサインを作ることを提案します。もし子どもを公園に連れ出したり食事に連れていく必要がある場合には、それには何か目的があって、単にご馳走するためではないと子どもたちにわかってもらうことが大事です。次の例のように、支援者が皆、このような心配りをしてくれるとは限りません。

✂――――ケース例

ローラが9歳のとき、非公式な里子養育取り締まりの一環として、社会福祉サービスの関与が始まりました。そしてローラの将来についての長い法律闘争が始まりました。

ロージーという白人のソーシャルワーカーが私に会いにきて、なんとなく、ママはその人のことが嫌なんだなとわかりました。まだ幼い私には、彼女の訪問の意味がよくわかりませんでした。ロージーは私をマクドナルドへ連れていってくれて、私はとても興奮しました。ある日ミルクシェークを飲んでいると、彼女が私の方に前かがみになってこう言いました。「素敵なアフリカ系イギリス人の家族と暮らしてみない？」それで、私にはもう家族がいるもんと答えたのを覚えています。でも彼女はこう続けました。「私はあなたにふさわしい新しい家族を見つけたの。その家族と暮らすのってどうかな？」と。私はブリーフケースをもっているお父さんと、プールのある家がほしいと言ったのを覚えています。しかし私は、そのとき起こっていることの重大さをまったくわかっていませんでした。裁判のこともほとんどわかっていなかったですし、ママが何かイライラしているのはわかりましたが、このことで私の人生のすべてが180度変わってしまおうとし

ていることには気がつきませんでした。

(Cable 2009)

✏️――― 演習

- ロージーがし忘れたことをすべて書き出してください。
- みなさんならローラに自分の役割をどのように伝えますか？
- みなさんならローラとの話し合いの場所をどこに設定しますか？
- ローラの養母は、ローラが個別の話し合いのために連れ出されることをどのように感じると思いますか？

問題と関連しない話し合い――プロブレムフリートーク

もし、解決志向の実践者として子どもには問題への自分なりの解決を見つける力があると信じるなら、子どもが解決を「実行する」方法をどのように見つけ出すか明確でなければなりません。専門家がすでに答えをもっている問題解決型アプローチとは異なり、解決志向では子どもは解決をもっているが、子ども自身まだそれに気づいていない可能性がある、と考えます。結局のところ、子どもが意見を求められることは稀で、彼らがアドバイスを求められることはもっと稀なことです。解決志向の実践は、子どもに大きな望みをもっています。ですから、それぞれの子どもが、問題としてではなく人として扱われることで成功していくことが大事です。私たちは子どもに、趣味、関心、希望、憧れ、何をするのが楽しいか、何が上手か、今までしたことでいちばん大変だったことは何かなどについて質問します。これは無駄なおしゃべりではありません。私たちが話しかけている相手をもっと知りたいという純粋な好奇心に満ちたものです。子どもたちがセキセイインコを飼っているとか、ダンス教室に通うのが楽しみだとかいったことを話してくれたなら、さらに次のような好奇心に満ちた質問をするでしょう。

★ 解決志向で子どもとかかわる

- セキセイインコの世話をするのは大変？
- どんな餌をあげるの？
- あなたがセキセイインコの世話を全部しているの？
- あなたが一人でセキセイインコの世話をしているの？
- セキセイインコの世話でいちばん楽しいことは何？
- どうやってセキセイインコの世話が上手になったの？
- いつもこんなに責任感が強いの？

　こういった会話を通して、私たちはその子のもつ優れた個性を見つけ出そうとしています。これはポジティブなことを探そうということとは違います。子どもの才能、能力、スキルを特定し際立たせるためのものです。前記の例でおわかりのように、セキセイインコの世話をする能力は、やさしさ、気遣い、責任を負うこと、注意深さ、信頼などといったスキルに置き換えることが可能です。いったんその人の能力が確認されたなら、解決へと進んでいくのはさらに容易になります。

✎ ─── 演習

　よく知っている子どもと次回会話をするときに、まるで今初めて会ったばかりで、彼らのことを全部知りたくてたまらない「フリ」をしてください。そして（相手の年齢に合わせて）次のような質問をたくさんしてみてください。

- 今までにしたことでいちばん大変だったのはどんなことですか？
- もしあなたのペットが話せたとしたら、あなたのことをどのように私に話してくれるでしょうか？
- 一日誰かの人生を借りられるとしたら、誰の人生を過ごしてみたいですか？
- まだ誰も気づいていないけれど、あなたがしている良いことはどんなことですか？

- これまでで最高の時間はどんなときでしたか？

好奇心に満ちた話の聞き方

　上手にコミュニケーションが取れる人は、話を注意深く聞いていることはよく知られていることです。コミュニケーションについての書物では、どのようにして話を聴くか、応答するかについてはたくさん書かれていますが、大人が子どもと会話をするときに、大人が「何を」聞かなければならないのかについてはあまり書かれていません。家族といっしょにリスペクト・ビンゴ (@Mar★co Products, Inc. www.marcoproducts.com) というゲームをすることがよくありますが、大人がこのゲームで勝利することはめったにありません。大人は、自分たちは子どもよりもよく知っていると信じていて、その結果子どもの話を遮り、子どもの考えていることや「本当に」言いたいこと、子どもがすべきことを決めつけてしまうからです。「私たちは皆、自分にとって最も近くて大切な人の話をきちんと聞いてあげていない罪を犯しています。そういうときにこそ、ほかの人にこの間違いを正してほしいのですが、そこまで近しくない人たちは遠慮してしまい、私たちの間違いを正してはくれないのです」(Ross 1996, p.92)。子どもたちがボディランゲージや遊びを通じて伝えようとしていることを、対話の責任を負っている大人が、「第三の耳」で注意深く聞くことだけについて説くのは奇妙なことだとわかります。

　解決志向の実践は、行間を読む必要はないという考えに基づいているので、話されなかったことに耳を傾けることはしません。その代わりに、次のように言葉のレベルで注意深く聞きます。

- 特異な言葉づかい、繰り返し出てくる言葉、目立った言葉づかいに着目すること。
- その子どもにとって、特別意味があると思える語句について尋ねること。
- 使われた言葉や絵の意味が、私たちと子どもとで同じであるか確認すること。これは子どもが、例えば「適切な行動」といった専門家から得た

★ 解決志向で子どもとかかわる

堅苦しい言葉を使っているときには特に大事です。
- 会話や報告書で子どもが使った言葉を変えないこと。会話が私たちの言葉でなく子どもの言葉をもとに作られているようにすること。
- 私たちが答えを知らないことについては、純粋に質問すること。
- 質問への答えを聞いてから次の質問を決めること。
- 私たちからの質問が、子どもにとって興味のあるもので彼らとつながりのあるものかどうか、彼らに聞いてみること。
- 子どもにとって大事なことで、まだ私たちが聞いていない質問があるかどうか、彼らに聞いてみること。

しかしこれは、私たちが、大人として会話の方向性（アジェンダ）をもっていないと言っているわけではありません。実際にはもっていますが、子どもたちとの仕事に何を望んでいるかについては明確、透明であるということです。つまり、児童保護の仕事では安全が増していると私たちが確信できるどんなことが起きているのか見ていく必要がありますし、もういっしょに取り組んでいく必要はないのでケースの終了を提案できるとわかるどんなことが起きているかも見ていく必要があります。私たちが耳を傾けるのは、子どものスキル、才能、能力、強み、立ち直る力（リジリエンス）です。それらが解決において用いられる資質だからです。子どもはこういった話がとても好きですから、彼らの注目や協力が得やすくなります。

また子どもと話をする際に、意図的に避けることもいくつかあります。私たちがしないことは次の通りです。

- 子どもたちが話したことを解釈したり、こちらの好ましい理論と対比したりすること。
- 「なぜ」ときくこと。もし子どもがなぜその行動を取るのかわかっているなら、その行動はとらないでしょう。あるいはその行動をとってしまったことがあまりにもきまり悪くて認めないでしょう。

- 質問表やワークシートを使うこと。質問表やワークシートは会話の限界を狭めてしまうだけでなく、子どもたち自身がそういうものを使うのはいやだと言ってきます。

ユーモアや遊び心を使う

「問題」は、大人たちにそろそろ本腰を入れて「問題解決」に真剣に取り組むときだと思い込ませます。フリーマン、エプストン、ロボヴィッツ（Freeman, Epston and Lobovits 1997）によれば、このアプローチは大人にとって慣れ親しんだ「問題解決法」だとしても、子どもたちを遠ざけて排除し、問題にとって有利となるかもしれない方法です。このアプローチはまた、子どもたちを「問題を抱えた人」とみるのではなく、「子どもが問題である」とみる危険性があります。プレイセラピーでさえ、この捉え方をしてしまうと重苦しいものになってしまうことがあります。フリーマンらは、深刻な問題には遊び心のあるアプローチの方が断然良いとしています。

> 喜劇と悲劇が対になった仮面のように、遊びは人生で起こることの歓喜と哀愁の両者を反映している。子どもと大人が会う場面でそれは、思考、感情、経験の広がりと深さを表現するための共通の言語となり、大人と子どもは共通語を手にすることになる。さらに、遊び心あふれるコミュニケーションは認知力がどの程度発達しているかに関係せず、誰にでも伝染しやすく、年齢に関係なく誰もが使えるものである。
>
> (Freeman et al. 1997, p.4)

遊び心をもっているとは、人とかかわりをもつ手段としてユーモアを使うことです。実際、笑いを分かち合う方法を使うと、「正しい共感」を築き上げるよりも素早く、子どもとのつながりをもつことができます。ここでのユーモアとは、人々に期待を抱かせ、序列を失くし、問題を小さく、ばからしく見せてくれるものに限ります（Sharry, Madden and Darmody 2001, p.34）。

★ 解決志向で子どもとかかわる

● ─── ケース例

　ノエルは病気のため学校にほとんど通えませんでしたが、回復しても学校に戻りづらくなってしまいました。学校は彼に同情し、朝だけ学校に来るようなスケジュールまで含まれた復学プログラムを考えました。するとノエルは、今度は学校に行くのを完全に拒否してしまい、ほとんどベッドで過ごすようになりました。今、彼は14歳で、大事なGCSE[訳註2]のための勉強も迫っていました。彼の母親も必死でした。彼女はジュディスの顔を見るや否や、ノエルは朝だけ通学するのを断るくせに、気が向くと午後に出席したりして、卒業のための復学プログラムをだいなしにして、まったく頑固でどうにもならないと激しく不満を語りました。

　ジュディスは母親に次のように応えました。「では、ノエルは学校に行けるけど、行きたいときに行きたい、と。彼が午後に学校に来たとき、先生方はどのように対応したのでしょうか？」ジュディスはノエルのことをちらっと見て、二人はノエルがわざと「不適切な時間」に出席しているという滑稽な状況に笑い始めました。ジュディスとノエルが笑い続けているうちに、問題はだんだん滑稽なことのように思えてきました。「ベッドで過ごしている」ことも、母親にとってはノエルの居場所がいつもわかって、外に出てトラブルに巻き込まれないか心配する必要もないので、かえってよいことではないか、とジュディスが提案したことで、これもジョークの一部となりました。それに彼へのクリスマスプレゼントを買うのは簡単だ、だって彼に必要なのは新しいパジャマだけだからと言いました。……母親はジュディスとノエルが思うほど可笑しなことだとは思っていませんでしたが、話を合わせました。なぜなら、はじめてノエルが問題について楽しそうに話していたからです。彼は翌日学校に戻り、ずっと学校で過ごしました。母親はそれが続くとは思いませんでしたので面接予約をたくさん取りましたが、その後すべてキャンセルとなりました。

[訳註2] *General Certificate of Secondary Education*　｜　中学教育修了資格

❷ 子どもと真剣に向き合う

リスクや責任を負ってもらう

　子どもの安全保護対策や福祉の向上とは、単に大人が子どもを危険人物や危険な行動から守ることだけではありません。それは子ども自身がリスクを認識しそれに対処することで自信を増すように支援することです。つまり、大人がいつも答えをもっている人にはならないということです。例えば、大人は幼い子どもたちが安全に遊べる環境を作る必要がありますが、大事なのは子どもたちが自ら主導して遊べるようにしてあげることです。

　　どうぞ子どもたちに主導権を与えてください。子どもたちはみなさんがひな形を与えるのをやめるやいなや、すばらしいものを創り出します。誰かに頼ることのない、子ども主導の遊びは、「私はできる」という感情を生み出します。その感情により、子どもは自らに問いかけ（自分のやりたいことを実現するにはどうしたらいい？　何を使ったらいい？）、それを試し、そして自信が増すにつれて、もう少し難易度の高いものに挑戦します。

　　　　　　　　　　　(Stephanie Mathivet, Pre-school Learning Alliance, quoted in McKibben 2009, p.8)

　もし子どもが、必要なときには大人にサポートしてもらいながら、自らの問題を解決できるようにならねばならないとしたら、自分の能力が増しているという自信は大事です。

　大人が子どもの安全を守れない場面があります。例えばインターネットのように、子どもの方が知識豊富な場面です。インターネットの利用に関するバイロン報告書（DCSF 2008b）では、子どもがインターネットをいかに安全に楽しむことができるか子どもたち自身に問いかけました。そこでわかったことは、インターネットで閲覧できるページをコントロールするのに役立つツールとその使用法について、子どもはすでによく知っていることが多いこと。一方大人はセットアップの仕方を知らないか、もし知っているとしても子どもの方が一枚上手で、大人のコントロールをかいくぐることができてしまうので、その場面で助けが必要なのは大人の方であることでした（DCSF 2008b, p.8）。この報告書のために子どもの意見を聞いたとき、ターニャ・バイロンは子どもた

★ 解決志向で子どもとかかわる

ちに、自分との実りある会話への参加法として、通常のグループ討議のほかにいくつかの方法を提示しました。彼女は、子どもたちに彼女のブログに書き込んでほしいと誘いました。そして子どもたちを大きな会議に招待し、調査結果の要約を子どもに向けて書きました。子どもが話したことを書き留め、彼らにもフィードバックを書いてもらい、彼ら自身の言葉を使うことは子どもと真剣に向き合うための大事な要素です。

大人が子どもの安全を守るのに力不足を感じるもうひとつの場面は、薬物の使用や性的危険性といった、仲間同士のプレッシャーが大きな影響を与える場面です。外出を禁止したり、誰とは友達になってよいが誰とは駄目と言ったりなど、子どもを支配しようとする試みはいずれもうまくいかない傾向があります。大人は緊急警告を発令するでしょうが、これは子どもとつながりをつくるために有効な方法ではありません。

カウゼンは次のように述べています。「薬物やアルコールについての話し方には思慮深さが求められる。薬物やアルコールに関するあらゆることは否定的なものであるという考え方がしばしばあるが、もし全部が否定的であるなら、それに関して興味深い会話をすることはとても困難である」(Couzens 1999, p.26)。しかしながら、安全性や責任についての興味深い会話を、次のようにすることができます。

- どのようしたら、週末に友達と飲みに出かけるとき、あなたが大丈夫だと私にわかりますか？
- あなたが大丈夫であると私が理解できるために、あなたができること、私ができることは何ですか？
- 自分は大丈夫だろうと思わせているものは何ですか？
- それについて私に話してもらえますか？ もしそれを知ったら、私は今よりずっと安心できますか？

こういった質問は、身体的な健康 (Whiting 2006)、性的な健康 (Myers and Milner 2007) への責任といった、リスクのあるさまざまな場面ごとに作りかえることが

できます。

演習

みなさんがかかわっている子どもや若者で、危険な行動が心配な子どものことを思い浮かべてください。例えば、注射を打つのを怠って糖尿病の管理が危うい若者や、外泊してしまう里子のことです。

過去にみなさんが発した質問やアドバイスのリストを作ってください。次に、そのなかからうまくいったものだけを残してください（もしもうまくいったことが何もなかったとしても心配しないでください。若者はよくアドバイスを無視するものですから）。さて、次にあなたの仕事の状況にふさわしい、安全についての質問をいくつか考えてみてください。

若者は、自分に降りかかるリスクを限りなく小さくするための安全戦略を考えることができます。例えば、ジュディスがかかわっている少女のグループ（Milner 2004）は、夕方出かけるときは名の知れた会社のタクシーを呼んで乗る、トイレに行くときは必ず二人で行く、互いに助けがいるときは、電話ができるよう携帯電話を十分に充電しておくようにするという計画を思いつきました。

話ができない子ども、話さない子ども

もしみなさんが、ほとんど話をしないか、まったく話さない子どもとかかわっているなら、すでにトーキングマット[訳註3]のような補助ツールを使った経験があるでしょう（Brewster, 2004）。もしかかわっている子どもが学習困難を抱えているなら、おそらくプログラムを彼らの能力に合わせなければなりません（例えば、Harper and Hopkinson 2002）。しかし、話す力のない子どもと話ができるようになるための特別の知識をもつ必要は、必ずしもありません。

[訳註3] 絵のカードを使ったコミュニケーションツール（https://www.talkingmats.com/）

★ 解決志向で子どもとかかわる

　アイブソン（Iveson 1990）によって示された技法を応用して、ほかの家族メンバーや、クラスやグループのほかの子どもにただこう尋ねるだけです。「○○さん（その子の名前）がもし話ができて、その子のために話をしてくれる子どもを選んでくれるよう私が頼めたなら、彼女は誰を選ぶと思いますか？」しばらく話し合ったあと、たいていは誰がその子のことをいちばんよく知っていて、その子の代弁ができるかについて合意が得られます。

　もしその子どもが、頷くなどなんらかのコミュニケーション手段をひとつでももっているなら、皆が自分の代弁者としてふさわしい人物を選べたか尋ねます。そして代弁者をその子とみたてて話をしていきます。話をしない人の代理となった子どもが自分の話もしたい状況だと、とても混乱しやすくなります。この場合は、誰と話をしているのか明確にするために、まず名前を呼んでから質問したり発言したりするようにしています。誰かに代弁してもらうよう頼む方法は、みなさんと話をするのをとても恥ずかしがる子どもや、単に話したがらない子どもとのかかわりでもうまくいきます。そんな子には部屋のほかの人、できればその子のことを最も気にかけている人と席を代わってもらい、そしてその人に、話をしない子になってもらって話をします。話をしない当人には、それぞれ「正解！」「不正解！」と書かれた2枚の紙を渡して、代弁者が答えたあとにどちらかを上げてもらうようにします。それぞれが自分の役でいられるよう、わざと真面目な声で、その子の名前をまず呼んで話を始めます。

✂──────ケース例

　ダレンの母親は、ダレンがかんしゃくを抑えられずコミュニケーションが難しいために彼を相談に連れてきました。コミュニケーションの難しさについて、ダレンは大人とまったく話さないことがわかりましたが、それでも会話をすることができました。

ジュディス｜［ダレン役の母親に］ダレン、教えてくれるかな？「かんしゃく」は

どれくらいあなたに居ついているの？

母親｜［ダレンとして］12か月くらい。《正解！》

ジュディス｜［ダレン役の母親に］ではダレン、今は良くなっているの？　それとも悪くなっているの？

母親｜［ダレンとして］そんなにしょっちゅうじゃないよ。《正解！》

ジュディス｜［ダレン役の母親に］それが出てきた状況は前と同じくらいひどいの？

母親｜［ダレンの役を忘れて］実際にひどかったのは一度だけです。［ダレンはどちらの紙を上げるか判断に困り、ついには両方上げた］

ジュディス｜［ダレンに］お母さんはあなたの役をうまく演じているかな、ダレン？［頷く］

ジュディス｜［ダレン役の母親に］「かんしゃく」はどんな感じですか？

母親｜［ダレンとして］火山みたい。爆発する！《正解！》

ジュディス｜［ダレン役の母親に］それはゆっくりとですか？　それとも突然？

母親｜［ダレンとして］突然。《正解！》

ジュディス｜［ダレン役の母親に］それはあなたに何をさせますか？

母親｜［ダレンとして］わかりません。［母親として］さぁダレン！　自分で話しなさいよ。［母親は彼と席を代わり、2枚の紙を手に取る］

ジュディス｜［ダレンに］「かんしゃく」はあなたに何をさせるの？

ダレン｜わからない。

ジュディス｜そいつを締め出したことはある？

ダレン｜ない。

ジュディス｜「かんしゃく」はあなたに物を投げさせるのかな？

ダレン｜いや、ない。

ジュディス｜そいつはあなたに誰かを叩かせるのかな？

ダレン｜うん。

★ 解決志向で子どもとかかわる

ジュディス｜そいつは拳を使わせるの？

ダレン｜うん。

ジュディス｜そいつはあなたに蹴らせるのかな？

ダレン｜うん。

ジュディス｜そいつはあなたに悪態をつかせるのかな？

ダレン｜いいや。［母親は正解、不正解の紙をもっていることを突然思い出して不正解を見せる］

ジュディス｜そいつはあなたにFで始まる汚い言葉を使わせるの？

ダレン｜いいや。《不正解！》

ジュディス｜そいつはあなたにBで始まる汚い言葉を使わせるの？

ダレン｜いいや。《正解！》

ジュディス｜そいつはあなたにCで始まる汚い言葉を使わせるの？

ダレン｜いいや！《正解！》

ジュディス｜叫ばせるの？

ダレン｜いいや。《不正解！》

ジュディス｜足を踏み鳴らさせるの？

ダレン｜いいや。《正解！》

ジュディス｜物を壊させるの？

ダレン｜いいや。《正解！》

　ここへきてダレンと母親は笑い出して、ゲームがすっかり気に入りました。その後ダレンと、彼自身は11歳の子どもならどれくらいかんしゃくをコントロールしたほうがよいと思っているか話すことができました。また、母親と息子を誇りに思う点について話すこともできました（詳細はMilner 2001, pp.139-140）。

　子どもは、保護者が自分の名前で呼ばれるのを面白がりますし、保護者が答えを間違えたときには躊躇せずに指摘します。子どもが保護者の答えが正しいか間違っているか判断することを知っているので、保護者は慎重に考

❷ 子どもと真剣に向き合う

えて答えるようになります。子ども役の保護者の答えがすべて正しかったら、問題と関係のない中立的な質問をしてみて、子どもが保護者の回答を間違いとするか、それともより詳しく説明し始めるかを見てみましょう。子どもが保護者を怖がっていたり、怒らせたくないと思っていたりすることがあるので、保護者が子どもに影響を及ぼしていることが懸念される場合、この確認は特に大事です。例えば、ルイスの父親はルイス役の答えをすべて正しく答えましたが、以下の短い抜粋でもおわかりのように、ルイスは父親に反論することができました。

✂――――ケース例

ジュディス｜［ルイス役の父親に］ルイス、教えてくれるかな、あなたが犬を飼えるチャンスはどれくらいだと思う？

父親｜［ルイスとして］まったくなきに等しいです。

ルイス｜僕はそんな言葉は使わないよ。まぁ今は可能性ゼロだけど、でも僕がもうちょっと大人になれば犬を飼うよ。

　保護者が子どもに過度に影響を与えていないかどうかを調べるもうひとつの方法は、三つ目の側面を加えることです。ルイスと妹のケイティとの問題と関連しない話し合い（プロブレムフリートーク）では、二人とも「ストリクトリー・カム・ダンシング」[訳註4]というテレビ番組が大好きで、二人でタンゴの練習をしているとのことでした。二人はソファーに父親と並んで座っていました。ジュディスはそれぞれにマイク代わりのペンを渡し、「ストリクトリー・カム・ダンシング・シーズン2」（コンテストの参加者とダンサーが週末のショーについて振り返って話し合う追跡番組）のようにインタビューをしてはどうかと提案しました。ルイスはブルーノ役（10点満点をつけることもよくある寛大な審査員）を選び、ケイティは名前を憶えていたからという理由でオラ役（プロのダンサー）を選びました。二人は父親にはレン

［訳註4］***Strictly Come Dancing***｜プロのダンサーとさまざまな分野で活躍する有名人がペアを組んで競いあう英国のテレビ番組。

051

★ 解決志向で子どもとかかわる

役がよいのではないかと思いましたが、それは審査員長だったので、ジュディスは大人の影響を小さくしようと、父親にヴィンセント役（プロのダンサー）を頼んでみました。二人の子どもはとても面白がって、父親にヴィンセントがどうやって自分のカッコ良さを審査員に見せつけるか、その様子を真似て見せました。ウォーミングアップとしてオラに昨日の晩のショーについて質問したあとに短い休憩をとり、この間に父親はもっと大きなペンをマイク代わりにしようと取りにいきました。その後、ジュディスはオラに、日曜版の新聞にどんなふうにオラが父親と過ごしているかについてたくさん書かれているけど、母親のことは書かれていない。視聴者は彼女のダンスにも興味があるが彼女の私生活にも関心がある。だからたぶん彼女は母親と会っていないことをどう感じているか、もっと視聴者に話したいんじゃないかしらと提案しました。速いペースで行う「インタビュー」は、父親がケイティにどう答えてほしいかを彼女が先読みする余地を与えませんでした。このように遊び心をもてば、子どもたちは大人との会話に創造力を発揮できます。例えば、ある7歳の男の子は「正解！」と「不正解！」のほかに、「えへん！（咳払い）」という紙と大きな「？」マークの2枚の紙をさらにつけ加えました。

　子どもがとても小さくて、相対立する二者両方に対して忠誠心をもっている可能性があるときには、子どもが話に加わってきてくれることを期待して、まずは大人と会話を始めることがよくあります。

✂———ケース例

　3歳のテイラーという女の子は、両親の離婚以来母親のシェリルと暮らしていました。そして土曜日は、父親のマーチンとその家族と過ごしていました。父親は娘が泊まっていくことを願っていて、テイラーも泊まりたい様子でした。しかしシェリルは、マーチンと面会して帰ってくるとテイラーが混乱している様子だと不満を述べ、娘は父親の家に泊まりたくないのだと言いました。テイラーは母親にくっついて離れず、母親がこの話をしているときは頷いていました。ジュディスがさらに母親と話していると、テイラーはカタログを取っ

てきて、彼女が両方の家にある自分の寝室用に選んだベッドセットの写真をジュディスに見せました。それからジュディスはマーチンの家にもテイラーを訪ねて行きました。そこでジュディスは、テイラーがさまざまな人形や乳母車を使った複雑なゲームに夢中になっているのを見ました。祖父母も床に座っていっしょにゲームをしていました。

ジュディス｜また会えたわね、テイラー。私がここに何をしに来たかわかるかな？〔テイラーはゲームから顔をあげて頷く〕私はいつならあなたがもっとお父さんと時間を過ごしてもよいか考えるために来たの。

テイラー｜その話はしない。〔本題とは関係のない人形についての質問で彼女の注意を引こうとするが断固として無視してゲームを続ける〕

ジュディス｜〔マーチンに〕テイラーはここにいる大人のうち、どなたといちばん心をひらいて話ができそうですか？

マーチン｜私の母ですかね。

ジュディス｜〔祖母に〕とても素敵なお宅ですね。寝室もたくさんあるのですか？

祖母｜二階に四つと一階に一つです。

ジュディス｜では部屋に余裕があるんですね。もしテイラーが泊まっていきたいと言ったらどの寝室を使うと思いますか？

祖母｜すでに彼女はどの部屋にするか決めていますよ。二階の小さな部屋で、父親の寝室の隣にあります。

ジュディス｜もしテイラーが泊まっていったら、どんな感じになるでしょう？

祖母｜それはきっとちゃんとした家族の週末のようでしょうね。この２週に１度の土曜日の面会設定では、テイラーと遊びたくて私たちが文字通り列に並んで順番待ちしています。もっと時間がのびれば日曜のランチをいっしょに食べて、午後は庭で過ごすでしょうね。ちょっとお出かけするかもしれません。

祖父｜もっと、普通の感じでしょうね。もっと普通のことをしているでしょう。

テイラー｜〔ゲームをやめてジュディスと祖母が座っているソファーのところへやってくる〕寝

室の壁の色はもう決めたの。ピンクにするわ。

祖母 | 彼女はもう部屋の装飾も決めているんです。もうすぐ完成しますよ。

ジュディス | なんて素敵でしょう。[テイラーに] 見せてくれる？

テイラー | うん。最初のお泊りのときにはおじいさんが海辺へ連れてってくれるんだって。

会話の邪魔をする子ども

子どもがしゃべりすぎたり、話が要領を得なかったり、話のタイミングが悪かったりすることもあります。この場合の対応のひとつとして、子どもが好きなスポーツのルールを当てはめる方法があります。カズンズ (Couzens 1999) は、オーストラリアンフットボールのルールをアボリジニの少年たちのグループセッションに用いたケースを紹介しています。

> 毎週一人の生徒が審判役になります。もしある子どもが基本原則（グループによって決められる）のどれかを破ったら、審判はその子に警告を出します。その子が再度ルールを破ったら退場を命じられ、10分ほどペナルティーボックスに入れられます。その時間はグループが決めます。その子がグループに戻って謝罪をしたら、何があったのか、何が彼を怒らせたのか、何が彼に火をつけたのかについて話し合います。もし3回ルールを破ったら、その子はアボリジニの教育担当者の私と校長と面談をします。しかしこれはめったにありません。チームでプレイしている気持ちになりますし、この方法はとても効果的です。
>
> (Couzens 1999, pp.24-22)

やってみてうまくいったもうひとつの方法は、邪魔する子どもに「ダイア

リー・ルーム」(テレビ番組「ビッグ・ブラザー」に出てくる部屋)に行くよう頼むことです。「ダイアリー・ルーム」は区切られた部屋である必要はなく、グループが集まっている部屋の隅でも構いません。目的は、子どもに自分の取った行動について話す機会を提供して、罰則に同意してグループに戻る前に落ち着かせることだからです。グループのメンバーが順番に「ビッグ・ブラザー」になります。彼らはたいてい、とても真剣な調子で「ビッグ・ブラザー」をします。そして「ビッグ・ブラザー・ハウス」に残ってもよいと皆が投票したのはどうしてか尋ねて「ダイアリー・ルーム」セッションを終えると、とても効果があります。そうすると、これから特に使ってほしいと私たちが思っているその子の強みや優れた資質を、その子自身が自覚し、記憶に留めておけるようになるからです。

[訳註5] *Big Brother* | 一般視聴者がビッグ・ブラザー・ハウスと呼ばれる家のなかで共同生活するリアリティ番組。ビッグ・ブラザーは参加者を常に監視し、ときに指令を出す。視聴者投票で脱落者が決まり、最終的に勝ち残った参加者が賞金を獲得する。ジョージ・オーウェルの『1984年』がベースとなっており、世界中でさまざまなバージョンが放送された。「ダイアリー・ルーム(日記部屋)」は、ほかの参加者に知られずにビッグ・ブラザーと話せる特別な部屋。

解決志向で子どもとかかわる

キーポイント

大事なことは、子どもたちが話し始めた話題に敬意を表し、彼らの使う言葉を使って会話に加わり、大人の見解に基づいたフィルターにかけず、彼らの視点で状況を理解することです。そのためには、

- 子どもたちに自分の考えを話す機会を与える。
- 子どもたちの話を、問題にとらわれずに聞く。問題は問題であって人ではない。問題についての話がその人のすべてを表現しているわけではないことに特に注意する。
- 子どもたちを「大くくりにまとめない」。不明確なままにしておく。あらゆる矛盾や可能性を聞き入れる開かれた姿勢をとる。
- 子どもたちを、自分の生活・世界・自己の創造にむけて積極的に行動する人として話をする。
- 欠点を探したり、診断したり、何かひとつのレッテルを貼るような、子どもたちのもっている力を制限する前提を避ける。

思いやりをもつこと、品格ある態度でいること、そして一人ひとりの子どもの個性を常に探しつづけること、その力を強く信じることが私たちの基本的な価値観です。(Kelsey and McEwing 2008)

③ 達成可能なゴールを設定する

　この章では、役に立つ現実的なゴール（目標）を設定することの重要性について述べ、そしてそのためのさまざまな方法について説明します。子どもに働きかけるためにウェルフォームド・ゴール（適切に設定された目標）を築き上げることは、最善の結果をより多く導くために非常に重要であると同時に、最も難しいことでもあります。子どもは自分が最も望んでいること（Best Hopes）をわかっていないこともありますし、辛いことの多い人生を送っているため、今よりも良い人生を想像することができなかったり、自らの希望や願いについて話すことを恥ずかしく思っていたりする場合があります。また、保護者や専門家など周囲の人間の期待に子どもが圧倒されてしまうこともありますし、単に問題などまったくないと思っているかもしれません。これらの困難な状況でゴールを築いていくために役に立つ、さまざまな技法について以下に説明していきます。

ゴールに同意する

　明確なゴールをもつことは重要です。それをもっていなければ、みなさんは自分の働きかけが効果的であるかどうか知る術がありません。ゴールをもつためのシンプルな方法は、尋ねることです。

- 私との面談が価値あるものであることが、どのようにしてわかりますか？
- あなたは何に気づきますか？
- あなたが最も望むことは何でしょうか？
- いっしょに取り組んでいることが役に立っているとわかるためには、何

★ 解決志向で子どもとかかわる

が起こる必要がありますか？
- ほかの人は、何に気づくでしょうか？

　もし明確で具体的な行動の変化をゴールとして定めれば、あなたと子どもがゴールを達成したかどうかを評価するのがさらに簡単になります。例えば、「母親に穏やかに話しかける／相手に敬意をもって振る舞う」などゴールが広い意味を指す場合は、穏やかなときにはどのように話すのかと子どもに尋ねて、ゴールをさらに練り直していきます。「私が窓からあなたのおうちを覗いてみて、あなたが穏やかだなと気づいたとします。私は何を見たでしょう？　あなたは何をしているでしょうか？　敬意をもった振る舞いとは、どのようなものでしょうか？」。これによって、子どもにとって穏やかで敬意に満ちた行動がどういう意味なのかについて、支援者が誤った理解や解釈をしていないか確かめることができます。そして、子どもは自分が最も望むことを達成したときに実際に何をしているのか十分に話すことができ、その結果、自分が描き出すゴールに対する責任感も増していきます。大きく包括的なゴールだと、取り組みはじめても達成できないように感じて圧倒されてしまいますが、反対に、このようにゴールを細分化すると、ゴールが小さく達成しやすく見えてきます。

　これは、ゴールは常にひかえめなものになるという意味ではありません。単に、あなたと子どものゴールは最も単純なもの、最も簡単に達成できるものからはじまることを意味しています。例えば、ある若者がジュディスに、自分が最も望むのはダライ・ラマに会うことだと言いました。その答えに対してジュディスが「あなたがその希望に向かって歩み始めたとしましょう。私は、あなたのどんなことが今と違うと気づくかしら？　あなたはどんなことをしているでしょうか？」と質問すると、彼はしばらく考えて、「旅行代理店めぐりをしているだろうな」と答えました。その後、旅行にいくらかかるのかがわかると、彼は新たな目標を立てました。それは、ベッドから出て仕事を見つけ、大麻にこれ以上お金を浪費しないようにすることでした。これは道徳的で、達成可能で、評価可能で、望ましいゴールであるだけでなく、彼が夢

や望みをもち続けられるようにしてくれるものでもありました。ゴールは変更され発展していくかもしれませんが、はじめの取っ掛かりを作る小さなゴールなしには決して本人の夢が実現することはありません。

　子どもも、子どもの人生にかかわる大人も、どちらも「これ以上ベッドでお漏らしをしない／チャーリーが私に向かって叫んだりしない」など、ゴールを否定形で表現する傾向があります。もう一度言いますが、何かがないことや何かが終わることとしてではなく、何かの出現や始まりとしてゴールが設定されていれば、あなたの働きかけが効果的かどうかをより簡単に評価することができます。例えば、(いつ起こるかわからない) 濡れたベッドの終わりについて話すよりも、乾いたベッドの始まりについて話すことの方が有意義です。チャーリーが叫ぶことに取り組む上で、より肯定形なゴールは「あなたはチャーリーに、叫ぶ代わりに何をしてほしいですか？」と尋ねることでつくりあげることができます。もしくは、「もしここが、あなたが抱える問題に対する解決を買うことができるお店だとしたら、今日あなたは何を買いますか？」と単純に尋ねることもあります。たとえ子どもが自分の問題は何であるか言えなくても、ゴールを設定することは可能です。例えば7歳のメイシーは、彼女の抱える問題は秘密だと言ったので、ジュディスはその秘密を推測する代わりに、「すべてが解決して、その秘密があなたを悩ませなくなったら、何が違うのかな？」と尋ねました。

　ときに、支援者や彼らの上司は、アウトプット (彼らが供給しているサービス) とアウトカム (それらのサービスの結果として生じた違い) とを混同していることがあり、そのことで混乱が生じる可能性があります。例えば、アンガーマネジメントのクラスに通っているのに、行動にまったく変化がみられない子もその一例です。その子は言われたことはきちんとしているのに、それでもまだ問題があるとされていることに腹を立てているのかもしれません。ですから子どもやその家族に働きかける専門家は、彼らのゴールをきわめて明確にしておく必要があり、単に「問題」行動がなくなるのではなく、「望んでいる」行動がどのようなものであるかをきちんと伝えられる必要があります。大人がゴールをより明確にするのを助けるときには、「代わりに」という言葉を頻繁に使

います。例えば、「彼はもう授業の邪魔をしないでしょう」は、「もし彼が授業の邪魔をしていないとしたら、その代わりに彼は何をしているでしょうか？ほかには？」と尋ねることによって話を展開させることができます。ゴールがこのような方法で定められると、子どもはしばしば安心した様子を見せ、「それならできる」と言います。

自分たちにかかわっている支援者に介入はこれで終わりだと確信してもらうためには、厳密に何が変わっている必要があるのか、家族自身もはっきりと知らされておくべきです。これには、専門家が懸念する事項が減少したと保証するために、専門家が保護者と子どもの行動のどのような小さなサインに気づく必要があるのかも含まれます。もう一度言いますが、これも肯定形で表現される方が、否定形で表現されるよりも役に立ちます。

演習

グレイムは、9か月間ぶりに3歳の息子カイルとの面会を許可されました。面会センターで2週間に1度、2時間、監視下での面会です。カイルは父親に向かって走り、父親は彼を抱え上げブランブランと大きく揺らし、それからしっかりと抱きしめました。グレイムはカイルを広間に連れていき、カイルはそこでおもちゃの車に乗り込むと、グレイムは車を押して広間のなかをぐるぐる回りました。彼らは大きな物音を立てており、指導員はカイルが興奮しすぎてきているのではないかと心配しました。

指導員はこの懸念を、どのように肯定形で建設的に伝えることができるでしょうか？

子どもと保護者の両方にとって、専門家がどのようにサポートしたらいちばん役立つか、そして望む結果を達成する可能性を増加させるためには何が違っている必要があるかについて、発言する機会が与えられることも重要です。保護者からよく依頼があるものとしては、専門家が時間通りに現れること、自分たちに内緒の隠された行動計画で進めないこと、家族の何が変わっ

たら専門家の介入はもはや必要ないのかについて、お互いが明確に理解できていることなどがあります。このように最善の結果を達成するため、関係者一人ひとりが何をするか、その責任を共有することで、家族とのより協働的な関係が促進されます。着実に良くなるためには、何が子どもに起こる必要があるかを正確に見分けることに十分な時間を割くことがこのプロセスにおいて重要です。先々ゴールは変更され展開しますが、ゴールは常に、達成可能なもので、期間が限定されており、そして評価可能なものでなければなりません。でなければ、あなたは自分が何をしているのかわからなくなってしまうでしょう。以下にゴール設定に役立つ質問を述べます。

- あなたはどのような人になりたいですか？
- 今日ここであなたが［ゴールの行動］をしているとしたら、あなたは自分が何をしているのを目にしますか？
- あなたが［ゴールの行動］をしていたら、ほかの人はあなたのどのような違いに気がつくでしょうか？
- 彼らはあなたに対して、今までと違うどのような反応を示しますか？
- それがあなたにとってどのように役に立つと思いますか？
- ［ゴールの行動］をする最初の機会はいつでしょうか？
- 自分はもうここに来る必要がないと、あなたはどのようにしてわかりますか？
- あなたがもうここに来る必要はないと、私はどのようにしてわかるでしょうか？

ミラクル・クエスチョン

　ディ・シェイザー（De Shazer 1988, p.5）は、ゴールを展開させるのに特に効果のある特定の質問を「ミラクル・クエスチョン」と名づけました。この質問はとても長い質問で、夜寝静まった後の空想の世界を引き出して、それを活用するものであるため、自分が最も望むことをうまく言えずに苦心している子ども

★ 解決志向で子どもとかかわる

を助けるのに特に役立ちます。しかし私たちは、この質問をするとき「奇跡（ミラクル）」という言葉は使いません。私たちは性的虐待を受けている可能性のある子どもに働きかけることがよくあり、就寝時と関連した「奇跡」や「魔法」などの言葉は、この場合非常に不適切だからです。その代わり、私たちは「何か素敵なこと」という言葉を使います。ミラクル・クエスチョンは、型にはまった質問のように聞こえますが、とても好奇心をそそる質問であるため、大変効果的です。答えが何であるか、決して推測できません。この質問は以下のように進められます。

　さて、ちょっと変わった質問をあなたにしたいと思います。今夜あなたが眠っていて、家中が静まり返っているときに、奇跡が起こるとしましょう。その奇跡とは、あなたがここへ来る理由となった問題が解決するというものです。しかし、あなたは眠っているので奇跡が起こったことはわかりません。それで、明日の朝、目を覚ましたとき、あなたはいつもと違うどのようなことに気づいて、奇跡が起こってあなたがここにいる原因となった問題が解決したとわかるでしょうか？

これは、これから子どもの人生がどうなるかという、新しい物語のはじまりついての重大な質問であるため、以下のような点に注意して尋ねると役に立ちます。

- 子どもが問題志向から解決志向へと転換する余裕をもてるよう、穏やかな声でゆっくり優しく話す。
- ミラクル・クエスチョンが独特で変わったものであると紹介することで、解決構築の過程の開始をはっきりと、そしてドラマチックに印象づける。
- たびたび間を置き、子どもが質問を理解吸収して、この質問の個々の構成要素を通してその子がその体験過程を進めるようにする。
- 未来についての描写を子どもに尋ねるものであるため、未来形の表現をすること。（何が違っているでしょうか？　奇跡のサインは何でしょうか？　など）

❸ 達成可能なゴールを設定する

- さらに詳しく尋ねたり、補足の質問をするときには、ソリューショントークへの転換をより効果的にするため、頻繁に「奇跡が起こって、あなたがここへ来る理由となった問題が解決します」という言い回しを繰り返すようにする。
- 子どもがプロブレムトークに陥ったときには、奇跡が起こると彼らの人生がどう違っているかについて、彼らの注意を緩やかに引き戻すようにする。

(de Jong and Berg 2008, p.85)

　今とは違うどんなことが起こっているかについて話し合うことは、人生がどうなりうるかについて子どもが実際に考え、詳細に述べる最初の機会かもしれません。詳しく話せるよう、繰り返し質問しましょう。例えば、子どもが「私は幸せになっています」と答えた場合、「あなたは幸せなとき、何をしていますか？　ほかの人は、どうやってあなたが幸せだとわかりますか？」と尋ね、「幸せな行動」について補足の質問をします。同様に、保護者が「子どもといっしょに楽しく過ごしています」と返答した場合は、「楽しんでいるとき、あなたはどのようなことをしていますか？　これから楽しい時間をどうやって計画しますか？」などと補足の質問をすることができます。したがって、役に立つゴールは、その人が見てみたい、やってみたいと望んでいる、これまでと違う数々の行動を示すことになります。

　子どもの自分に対する認識は、まわりにいる人間によって多大な影響を受けているため、ゴール設定の質問には、子どもの人生に関係のあるほかの人の視点を取り入れることができます。例えば、「お母さんは、あなたの何が違っていることに気づくでしょうか？」のような質問をすることができます。幼い子どもには、ペットやお気に入りのおもちゃを使って尋ねることができます。例えば、「あなたがうまく行動しているとき、クマさんはあなたが何をしているのを目にするでしょうか？」となります。答えは非常に単純かもしれませんが、それでも望ましく評価可能なゴールを構成します。例えば、「席に着い

★ 解決志向で子どもとかかわる

て先生の言うことを聞いています」や「テーブルに着いて食事をしています」などです。ミラクル・クエスチョンに対する返答が、劇的で急速な解決をもたらすことがあります。例えば10歳のイアンは、笑顔で階段を下りてくると、兄が朝食の席でちょっかいを出してこない、と答えました。するとすぐに彼の母親は、もし彼が笑顔で階段を下りてくるなら、兄が彼にちょっかいを出すのをやめさせると言いました。イアンは長期にわたって行動上の深刻な問題を抱えていたにもかかわらず、イアンと母親は、この一度のちょっとした会話から両者にとってのゴールと解決（よりよい行動）を導き出しました（会話の全容は、Milner 2001, p.14 をご覧ください）。何が違っているかを考えるのに苦労する子どももよくいますので、そのフォローアップのための質問を以下に記載します。

　ミラクル・クエスチョンに続けて……

- あなたは何に気がつきますか？……ほかには？……ほかには？
- 何が見えますか？
- 何が違っていますか？
- ほかの人は、あなたのどんなことに気がつきますか？
- その朝、もう少し時間がたった頃を想像してみてください。何が起こっていますか？　あなたが奇跡が起きたと気づくような、どんなことがほかに起こっていますか？
- 学校では／家では／別の場所では、何が違いますか？
- 午後遅く家に戻ってくると、今度は何に気がつきますか？
- 一日の終わりに、あなたは自分に何と言っていますか？

「宝くじが当たる」「教師が全員クビになる」「絶対的な権力が手に入る」など、非現実的な答えには……

- そうなったら「あなた」は、いつもと違うどんなことをしていますか？
- 今、そのどれかが起こりそうですか？

❸ 達成可能なゴールを設定する

ミラクル・クエスチョンのバリエーション

　ミラクル・クエスチョンにはいくつかのバリエーションがありますが、短縮版や水晶球を使ったものでは同じ効果が得られないようです。おそらく、何が違うかについて、十分な詳細を引き出すことを強く促さないからでしょう。詳細を描き出すことは、自分がもっているとは思わなかった解決や考えを発見し、変わるよう自分に言い聞かせる手助けとなるため、とても重要です。私たちが使ってみて特に子ども向けに役立つと思ったミラクル・クエスチョンのひとつに、「バック・トゥ・ザ・フューチャー」クエスチョンがあります。これは、マイケル・J・フォックスの映画のタイムマシンからアイデアを得たものですが、そのときどきで人気の科学もののフィクション映画やテレビ番組の流行に合わせて適宜変更されます。基本的には、成長してより賢くなった自分と話し合う方法で、以下のように行います。

　　今日、私はまだほかの子のことで忙しいけれども、あなたをただ座らせておきたくはないので、ターディス[訳註1]に乗って出かけるよう伝えたとしましょう。あなたはドクターといっしょに出かけて、そしてドアが開くとあなたの家のすぐ外にいます。そっと窓に近づき、家の中を見ました。2歳年上の自分自身（解決に適した、子どもが無理なく想像できる年齢を選びましょう）を見たときの衝撃を想像してみてください。この人は完全に問題を解決した暮らしをしているようです。彼女／彼はとても幸せそうに見えます。あなたは、彼女／彼がどんなことをしているのを見て、この人は解決したんだ！　とわかりますか？

　彼らが何をしているか、誰といっしょにいるか、部屋はどのように見えるか、壁には誰の写真が飾られているかなどを尋ね、その後の会話でできる限りの詳細を集めていくと、彼らのゴールが見えてきます。彼らの解決を得るには、このように尋ねてください。

［訳註1］*TARDIS* ｜英国のSFドラマ「ドクター・フー（*Doctor Who*）」に出てくるタイムマシン。「ドクター・フー」は1963年から続くテレビドラマで現在も新シリーズが放送されている。「ドクター」は主人公の異星人。

065

★ 解決志向で子どもとかかわる

「誰かがあなたのことを見ているときには、なんとなくそれがわかるでしょ？ あなたは誰かに見られている気がして振り返ると、あなたが窓から見ているのを目にします」（どちらの「あなた」であるか子どもにはわかるので、気にしなくても大丈夫です）。「あなたがあなたに、『うわぁ、君は問題だらけだった／とても悲しかった／すごく負け犬のような気がしていた／……ときの私だ。こっちへおいで、おいでよ』と言います。するとあなたは、『あまり長く居られないの。そのことについて話し合うために、もうすぐある人のところにいかなくちゃいけないんだ。でも、これだけは聞かなくちゃ。どうやってできたの？』と言います」

ここに至るまでに、しばらくの間、今より年上で、もっと能力のある自分について話してきているので、ほとんどの子どもはすぐにこの質問に答えることができます。この質問に答えることに苦労する子どもには、年が上でより賢い自分から、気持ちが楽になるような助言をしてもらうために、次のように質問してみてもらいます。「そうか、まだどうやってそうしたのかは言えないんだね。じゃあ君がどうやってこの難しい時期をやり過ごしたのか教えてくれる？」この質問は、子どもが現在の困難な状況のなかで気持ちの安らぎを与えてくれるものは何かを見つける手助けをします。さらに、あなたがこの質問に「まだ」という言葉を加えることによって、未来のいつかの時点で子どもが質問に答えることができると仮定しています。

「わからない」という答えから、「どうやってそうしたの？」を引き出すためのやり取りはこうなります。

- 不思議そうな顔をして待つ。
- 難しい質問ですよね……。
- わかるけど、わからないのかもしれないですね、言葉にするのは難しいですね……。
- 急ぐ必要はないので、時間をかけてじっくりと考えてみてください。
- 想像してみてください。
- 知っているとしたら、答えは何でしょうか？

❸ 達成可能なゴールを設定する

- おそらく、私があなたに役立つように尋ねなかったのでしょう。どうやったらもっと上手に尋ねることができるでしょう？
- あなたと似たような問題を抱えている人に、あなたはどんなアドバイスしますか？
- 次回までに何が起こるか、そしてそれをどうやってやったかを考えてみたいんじゃないかな。
- わかりました、では、[とても親しい人の名前] に質問したら、なんて言うでしょうか？

グループでのミラクル・クエスチョン

　ミラクル・クエスチョンは、若者のグループでも使うことができます。シャリー (Sharry 2001, p.136) は、グループのメンバーにミラクル・クエスチョンを尋ねる前に、目を閉じて、体中の筋肉を順番にリラックスさせて、心が安らぐ風景を思い浮かべるよう求めることを勧めています。それから、新しい解決状況の詳細を想像してもらいます。

　　　これまでと違うこと、変わったことぜんぶが驚きです。……さて、まず何に気がつきますか？……奇跡が起きたと、どんなことからわかりますか？……今までとは違う、どんな気持ちがしますか？……ほかの人たちは、いつもとどう違いますか？……など。

　視覚化のプロセスの後、メンバーは二人一組になって違いについて話し合います。そしてその後、グループ全員で話し合います。この方法のメリットは、グループのメンバーがそれぞれ描き出した解決に共通項が見つかることが多く、グループでそれを共有することでさらに強化される点です。また、ほかの人の奇跡について聞くことで、若者たちは自分の奇跡を描くモチベーションが高まり、周囲から刺激されて自分なりの奇跡を描こうという気持ちが芽生えます。グループでの話し合いが悪ふざけを助長しても心配いりません。次のケース例で見られるように、まずグループで考えることから始まり、その後、彼ら

067

は自分のゴールを見つけ出すための時間が必要となることもあります。

●────ケース例

　ジュディスは、普通教育から落ちこぼれて、ドラッグを使用し、将来売春を始める危険のある少女のグループとかかわっていました。グループのゴールをどうするか彼女たちには見当もつかなかったので、ジュディスはいちばんおしゃべりな少女にミラクル・クエスチョンを尋ねました。マリーの奇跡の日は、16歳で学校へ行かなくてもよくなり、実家に住んでおらず、無料のドラッグと酒が無限に出てくる日だということがわかりました。ジュディスはマリーに、それは受け入れがたいゴールだと伝えるのではなく、彼女のゴールをこのグループに対する教師たちの心配、つまり安全への懸念にどうやって合致させるか尋ねてマリーを困惑させました。これによりグループの少女全員が、薬物を使用したときに彼女たちがどのように自分を危険から守ったか、もしくは守らなかったかについて話すことができて、安全性を増加させることに関連したグループのゴールを彼女たち自身で作ることができました。

　ミラクル・クエスチョンは、すぐに利用できるゴールをひとつもたらしただけですが、少女たちは新しくグループに入るどのメンバーにも「あの奇跡ってやつの質問」をすることを求め、グループの「安全でいる」というゴールから、彼女たち一人ひとりのゴールへと広がっていきました。これにより、保護者との言い合いを減らす、ボーイフレンドと上手につき合う、試験に受かるための勉強を終わらせるなど、「しっかり生きる」ことについての話題がどんどん話されるようになりました。

(Milner 2004, p.15)

あなたと話をしたくない子どもとゴールに同意する

　ゴール設定は常にまっすぐに進むわけではなく、難しい作業になることもあります。子どもとゴール設定をはじめる良い方法は、彼らがすでに上手にしていることに目を向け、それらを続けることをひとつのゴールとして、その

❸ 達成可能なゴールを設定する

上に新しい行動を含むゴールを築いていくことです。すでに何かを達成しているという考えから始めることは、楽観性と自信を生み出し、それを積み重ねていくことができます。このことは、なんらかの理由によりあなたと話をしたがらない子どもとゴールを見つける場合に特に重要です。

　子どもが自分に問題があると思わない場合でも、彼らにとって意味のあることに耳を傾けることは重要です。あなたと話をしたがらない子どもには、困惑・この後に起こることへの恐怖、面目を失う可能性、羞恥心など、たいてい彼らなりのもっともな理由があります。しかし、その子に必要なゆとりを与えれば、自分が尊重されていると感じ、彼らが課題に取り組む動機づけとなるでしょう (Saleeby 2007)。このゆとりによって、その子独自のあなたとの協力方法を見出すことができます。私たちは、さまざまな協力の仕方を目のあたりにしました。例えばナタリーは、ジュディスがナタリーの里親に、彼女が大きな心配の元とならないとき何が今と違うと思うか尋ねているのに、階段に座って「聞き耳を立てる」ことが好きでした。ジェイミーとボリスはどうにか居間にいることはできたものの、ある程度距離をとりました。ボリスは戸口に立ち、向かって左側のソファーに座っているジュディスと話すときは、向かい側の鏡に映るジュディスに向けて話しました。ジェイミーは窓のそばに、ジュディスに背を向けて立ちました。子どもはそれぞれの理由でこのような行動をとりましたが、それは問題ではありません。これが彼らの人生のその時点において、自分の問題について人と話す方法なのです。

　できる限りシンプルで手短で最小限の介入にすることは常に好ましいことですが、子どもがゴール設定をする手助けをするには、さらに創造性が必要となるときがあります。以下に、私たちが考えたり借りてきたりした方法を紹介します。まず読む前に、子どもとかかわる仕事で培ってきたあなた自身の創造性や技術を子どもたちに実際に試してみてください。そうすることで、効果的なゴール設定をするためのあなた独自の技法を編み出すことができます。

演習

- あなたが最も得意とするスキルに関するリストを作りましょう（具体的に、しかし謙遜せずに）。
- それは、あなたがかかわっている子どもをサポートするのに、どう役に立っていますか？
- これらのスキルからひとつ選びましょう。
- もう少し効果的に活用できるようにするためには、どのようにそのスキルを高められますか？
- 何をしなければならないでしょうか？
- いつまでにそれができますか？
- あなたがかかわっている子どもは、あなたが前よりもスキルを高めたことを、どのようにしてわかるでしょうか？

(Myers 2008, p.9)

自分の将来が見えない子ども

　うつ病、あるいはトラウマに苦しんでいる子どもは、現状に圧倒されており、人生がこれからどうなりうるかを考えるのは難しいかもしれません。代わりに、子どもがどうやって対処しているのか、大きな痛みや苦しみを体験しているときに、どうやってなんとか朝起きているのか、といった質問をすることができます。このような状況にいる子どもにゴールを押しつけることは無神経で無益なことですが、以下に述べるように、コーピング・クエスチョン[訳註2]に少し希望を加えることによって、未来は今より生きやすいだろうと暗示することができます。

- それは、怖い／ひどい／心配なことだね。［加えて］「今のところはね」または「そのときはね」

［訳註2］*coping question*　｜　つらく大変な状況にどのように対処してきたのかを訊ねる質問。

- そのように感じたことが前にもあった？「そのとき」はどうやって乗り越えたの？
- では、「今のところ」……をやっつけていないのね。
- どうやって、もっと悪くなるのを止めたの？
- ……なのに、それでもどうやって頑張り続けたの？
- でもどうにか学校へ行っているのね。その気力はどうやって見つけたの？

なんらかの方法で自傷行為を行ったことがある子ども、もしくは自殺についてほのめかしている子どもへの働きかけに、支援者が怖じ気づくこともあるでしょう。あなたにそう伝えることで、子どもは人生を続ける責任をあなたに譲り渡しているからです。これは非常に大きな責任であり、子どもが本心からそうしようと思っているわけではなさそうだとあなたが疑ったとしても（特に若者は悲劇を装う傾向があります）、この問題を精神科の専門家に委ねたくなることでしょう。そうする前に、ジョン・ヘンデン（John Hendon 2005）によって考案された、段階的な質問を使うことを考えてみるとよいかもしれません。この質問は、こういった状況におけるリスクレベルを評価するものです。また、それに続けて聞く質問は、子どもや若者が自殺念慮を払拭しはじめるための手助けをします。

自殺について考えている子どものリスクを評価する質問
- 現時点で、あとどのくらい乗り越えていけると思いますか？
- 今現在、このことはあなたをどのくらい落ち込ませていますか？
- 最近あなたは、我慢の限界に近づいている、と感じましたか？
- 現時点で、あとどのくらい続けていけると思いますか？
- あなたは今、人生を終えてしまいたい気持ちにどれくらい近づいていますか？

★ 解決志向で子どもとかかわる

年齢の高い子ども向けには……

- 最後の手段を選択した場合、あなたはどの方法を選びますか？　万が一決意したとしたら、今そのときのためにどの程度用意していますか？（矛盾していますが、準備が整っていることは、非常にハイリスクであると同時に低リスクであることも暗示しています。なぜなら、準備ができたことで気持ちが落ち着き、最後の手段を選択する必要がなくなる場合があるからです）

自殺念慮がめばえた後に聞く質問
- 先週、あなたの自殺したい気持ちが最も弱かったときについて話してください。
- あなたが今のように感じる前、昼間していたことで、おもしろいと思ったことは何ですか？
- この時点まで、あなたが人生を終えようとするのを止めたものは何でしょうか？
- 1から10のスケールで（1は自殺したい気持ちが最も強い、10は自殺したい気持ちが最も弱いとしたら）、あなたの自殺したい気持ちは今どれくらいですか？
- 1から10のスケールで、助けを求める決意をした前の自殺したい気持ちはどれくらいでしたか？
- 0.5ポイント上がったときには何をして／考えて／感じているでしょう？
- 先週あなたがしたことで、今の辛い状況に違いを生じさせたものは、何ですか？
- 1から10のスケールで（1 = 何もしたくない、10 = 必要なことなら何でもするとして）、まずは別の選択を試してみる決意はどれくらいですか？
- 最後の手段を使って、実際に命を落としたと仮定してみましょう。あなたは魂となって葬儀会場で3メートルほど上から会葬者たちを見下ろしています。最後の手段よりも先に試してみることができたほかの手段について、どう考えているでしょうか？　会葬者のなかでいちばん悲しんでいるのは誰でしょうか？　彼らは別の選択肢としてあなたにどんな助

❸ 達成可能なゴールを設定する

言をしたかったと思いますか？
- 今回の前、最後に人生を終えてしまおうと思ったのはいつですか？
- あなたがしたことで、違いを起こし、あなたを引きとめたのは何でしたか？
- 誰もが知っているように、自殺は最後の手段です。この問題を打開するために、これまでほかにどのようなことをやってみましたか？

摂食障がいやリストカットなどの自傷行為へのゴール設定は難しいかもしれません。なぜならこれらの行動は、友人たちの間で、ある種のステータスとなっていることがあるからです。また、友人グループ全員がリストカットをしようと決めてしまうことも起こります。特に痩せていることがよいなど、身体的なイメージに関係したことは、いつもメディアが流すイメージによって影響されますが、人は肌を飾りたいものであることも覚えておいたほうがよいでしょう。子どもはいつの時代も自分の腕に移し絵をすることが好きなものですが、今では憧れのサッカー選手や歌手がするように、本物の刺青を入れたがります。自分の腕を切る（針を刺す）ときに、子どもは絶望と有能感の両方を感じることができるからです。マーチン・セレクマン（Martin Selekman 2002）は、好きな有名人を架空のゲストとして招き、助言者となってもらうよう若者に伝え、話を進めることを推奨しています。ゲストの助言者が選ばれたら、若者にそのゲストがどんなアドバイスをすると思うか聞きます。もちろん、有名なゲストが若者にさらなる自傷行為をするよう助言することはありえませんので、これはメディアが発するメッセージによるインパクトを減らすひとつの方法となります。フレデリケ・ヤーコプ（Frederike Jacob 2001）は、摂食障がいがある人に、「それがどう役に立ちますか？」「それによって、あなたは今までと違うどんなことができますか？」と尋ねました。

　子どもが非常に悲観的になっているときには、問題のなかには不都合なことと同時に好都合なこともあると認めることが有用です。特にその後、「どうやったら好都合なことを手放さないで不都合なことをなくせますか？」と続けて質問をすると役に立ちます。若者がどの質問にも答えることができない

★ 解決志向で子どもとかかわる

場合には、「自分にとって良い方向に向かって、小さな一歩を踏み出してみてください。そしてそれを実行したら私たちに伝えにきてください」と頼むことが、その人のゴールを見つけ出すことを妨げている不幸な障害を取り除くために役に立つことがわかりました。若者のなかには、自分の不幸にまつわることのなかに完全に埋もれてしまって、それ以外のことがほとんど話せないような人もいます。不幸に埋もれることは孤立を生みます。なぜなら、当初はサポートしたいと申し出てくれていた友人たちも、問題について同じことばかり話されることに飽き飽きしてしまい、自分の助言が聞き入れてもらえないことに苛立ってしまうからです。このような状況では、私たちはまず彼らの困難の程度を認め、この後は違う話をすることを明確にします。

- [メモを見返して] はい、そうでしたね。それについてはもう話してくれました。
- [不幸話が続く] はい、そうでしたね。それについてはもう話してくれました。
- [不幸話が続く] あなたが陥っているひどい状況に目をやることに、たくさんの時間を費やしてきましたね。これは、どう役立つのかな？ 今やっていることは、食器棚を片づけようとして全部出してから、残すもの、修理するもの、捨てるものを選別することなく、全部また元通りに戻すのに少し似ているように思います。ですから、もしよければ、しばらく不幸の棚のドアを閉めて、代わりに幸せの棚に目をやってみませんか。幸せの棚で私たちは何を見つけられるでしょうか？
- [ひとつでも示されたら] その幸せについて、もっと話してください。どうやったら、もっとそれを手に入れることができますか？
- [もし棚が空なら] どうやら幸せを買いに行かなければならないようですね。まず何を買いたいですか？

達成不可能な希望をもつ子ども

これまでに達成可能なゴールの重要性について述べてきました。しかし、子ども（と保護者）は、自分でどうにかできることではなく達成不可能ではある

❸ 達成可能なゴールを設定する

けれども、自分にとって「好ましい未来」を選ぶかもしれません。母親と父親がよりを戻すというゴールを選ぶ子どもなどがその例です。この場合、そのゴールについて話し合う代わりに、「あなたがお母さんとお父さんにいっしょになってもらいたいのはわかります。でも、もしこれが起こらないことだとしたら、あなたはどうやってそれに対処する／乗り越えると思いますか？ それに代わるプランはありますか？ 家庭が変わっていくという変化に対して、あなたがもっと楽に適応していけるように、あなたのお母さんとお父さんは何ができるでしょうか？」と、代わりの質問を使うことができます。

　誰かが亡くなり、ゴールはその人が生き返ることだと言う子どもの場合にも、同様のコーピング・クエスチョンが話を進めるのに役立ちます。「今、［亡くなった人］が天国から見下ろしているとしましょう。その人はあなたのことをとても心配しています。その人なら、今この問題に対処するために、あなたにどんなアドバイスをするでしょうか？」

乗り越えなければならない困難とともにいる子どもとのやり取り

- 毎日あなたに、自分のためになる何かささやかなことをしてもらいたいと思います。それがどのような違いを生むか、話し合いましょう。
- 自分のためになることで、ほかにどんなことをしているか、毎日注目してみてください。そうすれば、今度それについて話し合うことができます。
- 自分が良い選択をしたら、それを覚えておいてくれますか？ それについて話し合いましょう。
- あなたはまだその問題をやっつけることはできていませんが（少しでも、また自分自身でコントロールできるようにするため）問題がこれ以上大きくなるのを止める、もしくは問題に待ってもらうために何ができるでしょう？ あなたにできる最も小さな一歩とは何でしょうか？
- ある未来の時点で、その違いに気づいたフリならできるのではないでしょうか。そうしたらそのことについて話せますよね。そのときあなたは、現在していることの代わりに何をしていますか？

★ 解決志向で子どもとかかわる

- 自分自身に優しくて問題には厳しいことが何かできますか？　そのときあなたは、今と違うどんなことをしたり、感じたりしているでしょうか？
- 問題は私たちをコントロールしようとするものです。ですから、自分自身の考えをコントロールすることで、問題を混乱させてはどうでしょうか？　問題と、問題がつく嘘に立ち向かうために、自分自身に言い聞かせることを考えてみましょう。どんなアイデアが浮かぶか楽しみです。

子どもが末期の病気で苦痛緩和治療を受けている場合、残された時間の質はきわめて重要です。そのため、ゴールの設定は急を要します。ガーディナー (Gardiner 1977) は、死に直面した子どもの権利について以下のように説明しています。

- 病気によって引き起こされる結果について真実を知ること。ほとんどの子どもはどうなるか自然に気がつくため、その場合は真実の肯定。
- 死ぬことについての思いを分かち合うこと。死の可能性についてだけではなく、それに伴う多くの疑問について。
- 可能な限り充実した普通の生活を送ること。
- 自分の死への過程に関与すること。治療を続けるかやめるか、病院・家庭・ホスピスのどこで死を迎えるか意見を言うこと。

その他の状況と同様に、死に直面した子どものゴールも変化します。そこで以下のように聞くこともできます。

- この世の後に待っているのは、何だと思いますか？
- それがどのようであるかわかったら、どのように今より状況は良くなるでしょうか？
- 今から［来週、来月、など］にかけて、あなたの人生がどうなるとよいと思いますか？
- あなたが達成した最高のものは何ですか？

- あなたが今も抱いている希望は何でしょうか？
- あなたの何を、いちばん覚えておいてもらいたいですか？
- あなたの人生のどんな小さな変化が大きな違いを生みますか？

矛盾したゴールがある場合

　グループや家族とかかわっていると、取り組んでいく希望が違っていたり、ときには矛盾したりしている可能性があります。これをグループのひとつの包括的なゴールに組み立てようとするのではなく、それぞれの希望や望みを探求し、それから複数のゴールをもつ一人の人に働きかける場合と同様に優先順位をつけることが役に立ちます。繰り返しになりますが、未来に関連して質問を組み立てることで、何か今と違うことが起きることを指し示すゴールにすることが重要です。表を作ってアイデアを出し合うといいでしょう（保護者や年上の子どもが書き留めると役立ちます）。もしくは、下に述べるような技法を使ってみるのもよいかもしれません。

マーベルと話す

　この技法は、ジュディスが出会ったとても賢い犬の名前にちなんで名づけられました。問題が何であるか、何がなされるべきかについて、家族が全員違う意見をもっていたため、ジュディスは犬のマーベルに相談したのです。

> 私たちが静かに話しているとき、マーベルはいつも部屋の真ん中に座っていましたが、誰かが腹を立てると、マーベルはその人の近くへ行って座っていましたね。マーベルはまちがいなく繊細で思いやりのある犬です。もし、マーベルがどんな違いを目にしたら、あなたたち全員が大丈夫で、誰のことも心配することなく部屋の真ん中で丸くなって寝ていられるとマーベルは確信できるでしょうか。

★ 解決志向で子どもとかかわる

他者からの視点のミラクル・クエスチョンの短縮版

　家族のメンバーのなかに、意見を述べることを恐れたり、乗り気でない人がいると疑われる場合、もしくは、子どもの意見が彼ら自身のものなのか、保護者の考え方の影響を受けすぎているのか定かではない場合に、これは特に役に立ちます。

　ミラクル・クエスチョンを尋ねる前に、全員に紙と鉛筆を配り、私たちがこれから尋ねる質問への答えを書き込むように頼みます。就学前の子どもには、答えを絵に描くように言います。とても幼い子どもには、紙とシールとクレヨンをわたして、作品を作って大人に見せられるようにします。そして幼くなくても話すことのできない子どもは、最適な代弁者であると家族が認めた家族のほかのメンバーとペアにします。誰も答えを見ないように注意し、学校でカンニングされないように子どもたちがよくやるように、紙のまわりに腕を置いてもよいですよと伝えて、明るい雰囲気にします。そして、このように尋ねます。「今晩あなたが眠っている間にすばらしいことが起こって、あなた（もしくはあなたの先生、もしくはあなたにかかわっている社会的な援助者）を心配させていることが全部なくなったとします。しかしあなたたちはすぐに眠ってしまったので、それが起こったことに気がつきません。状況が良くなったことにあなたが気づく、最初のことは何でしょうか？」

　全員に答えを隠しておくように念を押したうえで、順番にほかの人は何と書いたと思うか尋ねます。順不同ではなく、まず最も協力的な保護者に、いちばん幼い子どもが何と言うか推測するように頼みます。このように進めたほうが、参加者に脅威を与えることなく、子どもが必要としているものや望みについての理解を示す機会を保護者に与えられるからです。次に、家族のなかでいちばん自信をもっている子どもに、最も力のある家族のメンバーは何と表現したと思うか尋ねます。最後に、私たちはこの力のある家族のメンバーに、もう一人の子どもが何と言ったと思うか尋ねます（たいていここで最も傷つきやすい子どもを選びます）。家族が「新しい自転車をもっているだろう」など表面的な答えをする場合、空想上のペットでも構わないので、家族のペットに意

見を求めます。これらの話し合いの後、彼らが実際に何を書いたのかそれぞれの人に尋ね、認識の違いについて話し合います。この進め方にはいくつかの利点があります。

- 必要としているものや望みを表現する機会を子どもに与える。
- それらを聞く機会を保護者に与える。
- どのような変化を起こすことができるかについての話し合いを促進する。
- 反論されたり拒絶されたりすることを恐れずに、保護者が意見の違いについて話し合うことができる。
- 何かをしているときの、家族の力関係の概要が明らかになる。

　面接の後半部分では、家族の強み（例えば、保護者が思いがけなく子どもを思いやっているなど）や、改善されるべきところ（例えば、子どもが喧嘩をしても保護者がそれを止められないなど）が明らかになってくるので、じっくりと観察することが重要です。この話し合いで改善の余地があるとわかった部分を、ゴールになりうるものとして提案すれば、突然ゴールを作り上げるよりも家族にとって受け入れやすくなります。また、保護者は自分の能力に気づいてもらい、コメントしてもらえることを楽しんでくれます。たいていの場合、この話し合いからたくさんの希望が見えてくるので、ゴールが現実のものとなるときの最初のサインは何かを強調し、すべてのゴールの優先順位をつけることが重要です。それによって、自分たちが取り組んで向かっているものに圧倒されたり、困惑したりする人が出ないようにします。

学習困難のある子ども

　学習困難のある子どもに働きかけはじめるとき、この子はきちんと集中してくれないと大人が訴えてくることがよくあります。そのような子どもも、適した早さで進め、適切な道具を使って楽しくすることを私たちが忘れない限り、30分から40分は集中できるものです。学習障がいのある人は、ストレスを感

★ 解決志向で子どもとかかわる

じているときにはいつも通りに行動できないので、私たちは子どもに10分間落ち着くための時間を与えます。不安の種類によっては、この時間にふざけることを許可したり、私たちのもってきた道具を取り出してそれについてただ話し合ったり、コートの手入れなど簡単な作業を子どもに頼んだりします。

基本的な原則は、以下のようにして、すべてのスピードを緩めることです。

- ふだんよりゆっくり話し、重要なポイントは何度も繰り返したり、言い換えたりする。
- 思考や感情などの複雑な概念を説明するのに絵や記号を使う。
- 文章や絵を使って私たちのことを紹介する。多くの子どもにとって、顔をつき合わせた会話よりも不安を感じることが少ない。
- 新しい行動を学ぶときは時間をかけ、短くまとめられた情報を、何度も新鮮な言い方で繰り返すようにする。表やシールは、目で見て思い出せる道具として役に立つ。
- 変化を最小限にすることで、子どもが新しい状況を理解するのを手伝う。
- 新たに学んだ行動を練習するための機会を与える。

漫画を使うと、学習困難のある子どもが、将来をはっきりと見通して未来の出来事をコントロールする感覚を発達させやすくなります。大きな1枚の紙を6つのコマに分けたものを使います。そして子どもに、1番目の四角に問題を描くよう促し、2番目の四角には彼らがどうなりたいかを、3番目には「強力な助っ人」を、4番目には後戻りしてしまったらどうなるかを、5番目にはそれにどう対処するかを、6番目には成功をどうお祝いするかを描いてもらいます（Berg and Steiner 2003）。また、第2章で紹介した「ストレングスカード」の幼児版である「ストレングスカード・フォー・キッズ」[訳註3]や「ミスターメン」[訳註4]のキャラクターを使ったり、「正しい道／間違った道」の絵やリレー小説も使う

[訳註3] *Strength Cards for Kids*（www.innovativeresources.org）｜日本文化独自のアレンジを加えた「ストレングスカード・キッズ」も制作されている（https://strength-cards.com）
[訳註4] ミスターメン・リトルミス（*Mr. Men Little Miss*）｜1971年に刊行がはじまった絵本シリーズ。さまざまな性格や行動を名前にしたキャラクターが登場する。

こともあります。
　はっきりとゴールを決めるまでに、子どもとの数回にわたる話し合いを通して複数の技法を使うこともあります。

●────ケース例

　14歳のリッキーは年齢の割に体が小さく、脳性小児まひのために歩行に障がいがありました。彼には教育補助が必要との申し立てがありましたが、彼は心理テストを終えられるほど長時間協力してくれたことがなかったので、知的機能がどれくらい制限されているのかはっきりとしませんでした。彼は実の家族から虐待を受けて育ち、それが大きなトラウマとなっていました。また、学校を何度もかわり、福祉サービスを受けるようになってからは里親との関係が何度か失敗に終わった経験もしています。そういったことから、彼の知的機能が、彼のこれまでの人生経験の影響を受けているのは明らかでしたが、それが低いレベルで固定してしまっているとは限りませんでした。担当した当時は、長い経験をもつ里親の元で暮らしていましたが、家庭で乱暴な口のきき方をしたり、外では見ず知らずの他人に性的に不適切な言葉を投げかけたりして、里親の限度を試していました。また、彼は同様の行動により特別支援学校を退学させられていました。
　リッキーは面と向かって会話するのを特に嫌がり、質問には「人生を選べ」[訳註5]など、テレビで聞いたフレーズを使って答えたため、ジュディスは彼に問題について6コマ漫画を作るのを手伝ってほしいと頼みました。1コマ目では、彼は毛だらけで原始人のような彼自身の絵を描きました。そして、自分は問題を抱えていないけれど(里親を指差して)「この二人には問題がある」と言いました。ジュディスは、里親を煩わせている問題がどのように見えるか描くよう頼み、まずは彼の描いた絵のまわりに、「性的な発言」や乱暴な口のきき方が書かれた吹き出しを書くことからはじめてもらいました。里親の助けを借りて、彼は自分が使う不適切な言葉(「くだらねぇ」「さいあくー」)をさらに書き加えました。その後、問題のない自分の絵を描きました。性的に不適切な言葉や

───────────────
[訳註5] 映画「トレインスポッティング(*Trainspotting*)」のセリフ。

★ 解決志向で子どもとかかわる

　乱暴な口のきき方の代わりに使うであろう言葉を書き出すためには、1コマ目以上に、まわりからの助力が必要でした。そしてだんだんと、彼は「ありがとう」「こんにちは」「お願いします」「すみません」などを書き加えていきました。誰に自分を助けてもらう必要があるかを思い浮かべることには非常に苦労しましたが、ついに小さな天使のようなものを描きました。リッキーは、それはビン・ラディンという名の幽霊だと言いました。幽霊に助けてもらっている様子を描こうとして彼は行き詰まったので、ジュディスは彼がすでにしたことを整理する手助けをしました。ジュディスは彼が知っている「好ましい言葉」のリストを作り、それが言えたときに印をつけるため、リストに張るシールを里親に渡しました。さらに、乱暴な口のきき方をすることが減るか、好ましい言葉が増えたときのごほうびとして、小さなお菓子の袋も渡しました。

　その次のセッションでは、リッキーの乱暴な口のきき方は前回と同様でしたが、彼はいくつか丁寧な言葉を使えるようになっていました。使った言葉は3種類、「ありがとう」を4回、「もういいです」を2回、「了解」を1回でした。「ベーコン・サンドイッチをくれ」よりも「ベーコン・サンドイッチが食べたいな」と言う方が効果的だと気がついて喜んでいたので、適切な言葉をもっと使うことに彼はあっさりと同意しました。まだ質問に対しては一連のフレーズを使って答えていたので、ジュディスはリッキーに「人生を選んだ」としたら何をしているだろうかと尋ねると、彼は里親の助けを借りながら、良い人生のためのゴールをいくつか挙げることができました。

- ふさわしい学校に通っている
- 里親といっしょに暮らしている
- ユーモアのセンスをもっている
- 行儀よく親切でいる
- 笑っている
- ガールフレンドがいる
- もう少し穏やかになっている

- 優しくなっている
- ちょっとは指導を受けている
- 自動車を解体している
- 整備士としてのキャリアを積んでいる

彼は同時に、やめたいことのリストも作ることができました。

- ふざけること
- 乱暴な口のきき方をすること
- 不適切なこと（他人に性的な言葉を投げかけること）
- 怒ること
- 怠けること

　リッキーは「もっと優しくなる」ことを新しい人生の出発点に選びました。彼は、漫画のなかの幽霊がベッドのいちばん上の引き出しに住んでいて、嫌な考えを吸い取ることで彼を助けてくれるかもしれないと考えました。そうすれば、彼は1階に機嫌良く降りることができて、笑顔で「おはよう。ベーコン・サンドイッチが食べたいな」と言えるだろうと思ったのです。

複雑な身体的ニーズをもつ子ども

　どんな障がいを抱えていようとも、子どもは自分の健康に責任をもち、自分の健康や幸福のために、正しい情報を与えられた上で選択し、決定を行えるよう手助けを受けることができるし、また手助けを受けるべきです（DoH and DFES 2004）。英国の全国サービスの基準では、専門家に対して、子どもの話に注意深く耳を傾け、彼らの観点から世界を見ようとすることを求めています（Bates 2005）。ヘルスケアについて子どもと効果的な会話をもつには、誤解と不安を取り払うだけではなく、マシューズ（Matthews 2006）が言うように、最終的に身体をケアされる彼らの体験が改善される必要があります。この点におい

★ 解決志向で子どもとかかわる

ては、ナースプラクティショナー[訳註6]には大きな責任があります。なぜなら、医師は病状について子どもと話すよりも保護者と話す傾向があるからです（Elliot and Watson 2000）。家庭医のなかには子どもの理解を考慮しようとしたり、話し合いに子どもを参加させようとしたりする人もいますが、これは慣例というよりもむしろ稀なケースです（Tates, Meeuwesen and Bensing 2002）。

　子どもの参加を促すことは、決して容易ではありません。子どもが幼い場合にはなおさらです。例えば、幼い子どもはしばしば痛みから気持ちをそらし、痛みへの対処メカニズムとして遊びを利用します。ですから、遊びを通じてゴールを確立しようと試みる前に、痛みを査定することが必要です。その一方で、目の不自由な子どもは、新しい状況を理解するためにじっと静かにしていることがよくあるため、「静かである」ことはおそらく彼らが集中していることを意味します（Orr 2003）。子どものニーズが複雑だからといって、子どもが自分のケアや幸福のためのゴール設定に、十分に参加することができないということではありません。例えば、キャサリンは16歳で、てんかんと学習障がいを伴う結節性硬化症を発症しています。多くのアセスメントを受ける側であり続けた母親が、このような発言をしています。

> 理想的な世界では、私はキャサリンを援助してくれる人に会いたいし、その人がキャサリンに会って彼女のことを知ってくれればとも思います。実際にアセスメントをする前に、ゲームをしたりキャサリンが楽しいことをいっしょにしたりしてほしいです。そうすれば、キャサリンはその人のことを好きになれるでしょう。
>
> (Roulstone 2001, p.15)

　知的障がい者の支持団体メンキャップ（Mencap）が刊行した『無関心による死（Death by Indifference）』（2007）では、キャサリンのような患者に対する病院のケアは不十分であることが明らかにされていますが、最後に紹介する信号式ホスピタ

[訳註6] *Nurse Practitioner* ｜ 英国で制度化されている医師の指示がなくても医療行為ができる看護師。

ルアセスメントが利用されれば、コミュニケーションとケアの継続がはるかに改善されます。これはシンプルでカラフルな特定のフォームで、重要な「知っておくべき」情報を記したものです。例えばほかの人とのコミュニケーションの図り方、知的能力、痛みの認識と心地よさの提供方法、好きなものと嫌いなものなどが書かれています（詳細については、Michael 2008; DoH 2009、または Ruth Bell, Specialist Practitioner Community Learning Disability Nurse, Oldham Community Health Services にご連絡ください）。

 演習

あなたがかかわっている障がいをもった子どものことを考えてみてください。その子どもは、どんなゲームをするのが好きですか？ 自分自身の健康と幸福について彼らが十分な意思決定をするために、そのゲームをどうやって活用することができるでしょうか。

騒々しいグループや家族
苦情相談係

これは、7人兄弟の上から2番目の、12歳のロマネによって考案されました。彼の兄弟たちは全員が大声で同時に話すため、大きなかんしゃくでも起こさない限り、自分の言うことを聞いてもらえる機会はほとんどありませんでした。私たちが、先週誰が最もきちんと責任を果たせたかについて騒々しく喧嘩気味に話し合っていると、ロマネが2本の指で鼻をつまみ、甲高い鼻詰まりの声で「ロマネさま、どうぞ苦情相談係にご報告ください」と言いました。それから彼は部屋の隅へ行き、彼の「メッセージ」を公式な発表として届け出ました。家族のメンバーは互いの言うことを聞くのが上手ではありませんでしたが、公式発表に耳を傾けることには慣れていたため、全員が話すことをやめてロマネの方を見ました。この後、ほかの子どもも特に聞いてほしいことがあるときには、お客様からの意見発表を行ったり、私たちがその子を「苦情相談係」のところに召集するようになりました。

★ 解決志向で子どもとかかわる

NHS 国民保健サービス
信号式ホスピタル・アセスメント*

このアセスメント用紙は、あなたについての重要な情報を病院のスタッフに提供するためのものです。入院が必要になったときには、この用紙を病院までご持参の上、あなたの担当者にお渡しください。

◎注意事項

あなたのQOL（クオリティーオブライフ）やヘルスケアに関する価値判断は、自分自身とご家族と介護者やほかの専門家とご相談の上、意思決定能力法 (Mental Capacity Act 2005)**の原則に従って行ってください。
あなたの世話をする人全員が、このアセスメントを読むことが重要です。

---

* HOSPITAL TRAFFIC LIGHT ASSESSMENT (https://webarchive.nationalarchives.gov.uk/20160704162830/http://www.improvinghealthandlives.org.uk/adjustments/index.php?adjustment=155)

** *Mental Capacity Act* ｜ 日本の成年後見制度に対応する、対象者の生活全般の意思決定の支援を定めた法律。以下の5つの基本原則が掲げられている。「そうでないと証明されない限り、すべての人は意思決定能力を有するとみなされる」「意思決定できないと判断される前に、実施可能な限りの支援が尽くされていなければならない」「適切でない決定を行うという理由で意思決定できないとはみなされない」「意思決定能力の欠けた人のために、その人に代わって行うことは、何であれその人の最善の利益に叶っていなければならない」「意思決定能力の欠けた人のために、その人に代わって行うことは、それが何であれその人の権利と自由を最も制限しないものでなければならない」

❸ 達成可能なゴールを設定する

 赤信号
皆さんに私のことで絶対に知っておいてほしいこと

名前 |　　　　　　　　　　　　　国民健康保険番号 |
呼び名 |
住所 |　　　　　　　　　　　　　電話 |
生年月日 |
家庭医 |　　　　　　　　　　　　住所 |
最近親者 |　　　　　　　　　　　関係 |　　　電話 |
主な介護者／キーワーカー |　　　関係 |　　　電話 |
関連のある専門家 |　　　　　　　電話 |
宗教 |　　　　　　　　　　　　　宗教上の要望 |

アレルギー |
最近の病状（現在服用中の薬／用量／服用時間を含む）|

医療介入（採血方法／注射の方法など）|

私が事前指示書を作ったかどうか確認しましたか　　　はい／いいえ
私に個人生活の福利厚生に関する任意後見人がいますか　はい／いいえ

心臓病　　　　ある／ない　　　てんかん　　　ある／ない
呼吸器の疾患　ある／ない　　　胃腸障がい　　ある／ない

087

★ 解決志向で子どもとかかわる

黄信号
私にとって本当に重要なこと

コミュニケーション
私とのコミュニケーションの取り方 |

情報共有
私が理解できる方法 |

視覚・聴覚
視覚や聴覚上の問題 |

食物の摂取（嚥下）
食べ物の大きさ、喉のつまり、食事介助 |

水分摂取（嚥下）
少量、喉のつまり |

排泄
排泄補助、トイレまでの援助 |

運動（動き）
ベッドでの体位／歩行補助 |

服薬
粉砕した錠剤、注射、シロップ |

疼痛
私に疼痛があると、どのようにわかるか |

睡眠
睡眠パターン、睡眠方法 |

安全の維持
ベッド柵、行動のコントロール方法／失踪 |

パーソナルケア
着替え、洗濯など |

サポートレベル
誰がどれくらいの頻度でつき添う必要があるか |

❸ 達成可能なゴールを設定する

青信号
私の好きなことと嫌いなこと

考えてみてください……あなたを怒らせるもの、幸せな気持ちにさせるもの。好きなこと（例えばテレビを見ること、読書、音楽鑑賞など）。どのように話しかけてもらいたいか。好きな食べ物や飲み物、嫌いな食べ物や飲み物。身体的な接触で好ましいもの／やめてほしいもの、特別な支援、日常的な手順、あなたを安心させることなど。

好きなこと これをしてください ☺	嫌いなこと これはしないでください ☹

記入者｜　　　　　　　　　　　　　　　　　日付｜

Elliott K & Dean E（2006）Gloucestershire Partnership NHS Trust からの書式の引用

089

解決志向で子どもとかかわる

キーポイント

- 解決志向の実践の重要な原則は、取り組む作業のゴールは子どもによって決定されるということです。支援者に必要とされるスキルは、問題がまったくなくなる、もしくは程度が低くなったときに彼らの人生はどう違うかということについて、はっきりとイメージされたゴールを構成するために子どもをサポートすることです。

- ゴールを可能な限り早く設定することが重要です。そうすれば、子どもと支援者の両方が、取り組む作業の目的に向かって協働し合い、理解し合うことができます。ゴールが現実的で計測可能であることも同様に重要です。非現実的なゴールは失敗しやすく、計測できないゴールでは、支援が必要なくなったかどうかを判断する手立てがありません。すでにうまくいっていることに注目し、それを発展させ、その上に望ましい新たな行動を積み上げることによって、このプロセスを開始することもゴール設定に役に立ちます。

- ゴールを展開させる基本的な方法は、ミラクル・クエスチョンを使うことです。これは未来に目を向けた状況を示し、問題のない人生はどのようなものであるかを想像させます。これによって取り組んでいく作業に期待していることが何かはっきりします。ミラクル・クエスチョンは集団に使うこともできます。しかしながら、未来に目を向けた質問であればどんなものでも、しっかりとしたゴール形成の手助けとなります。

- ときに若者は、何が違っているかを自分の観点から説明するのに苦労することがあります。そのときは、「あなたのお母さんが最初に気がつく違いは何だと思いますか？」などと第三者の視点から尋ねると、それが刺激となり、そこからゴールが発展していくことがあります。

- 考慮に入れておくべき最後の事項は、取り組む作業の過程でゴールが変更される可能性があることです。これは、若者がこれから何を探っていくのが最も役に立つか、最初のゴール設定のときよりもさらにはっきり

と理解したことによるものかもしれません。もしくは、当初のゴールが達成され、このプロセスにおいてさらに前進するためには、それより先の事項について話し合うことが有益であるとわかったためかもしれません。

❹ 問題の例外を見つける

　この章では、困難な状況の例外を見つける作業の原則を紹介します。子どもが自分で、自分やほかの人にとって役立つ行動を有益な方法でコントロールできたときを探し出し、それを認めることで、子ども自身が励まされ、気持ちも明るくなり、私たちの作業への参加意欲も高まります。さらに言葉の重要性についても検討します。問題についてどのように話すか、強み（ストレングス）の認識についてどのように話すか、子どもが自分自身と抱えている問題とを切り離すよう支援するときにどのように話すか、です。またこのプロセスをサポートする技法についても述べていきます。

例外を見つける

　ほとんどの問題には例外があります。いったんゴールが設定されたら、次のステップでは、子どものゴールがすでに現実となっていたとき、あるいは現在抱えている問題が起こっていないとき、または問題がもっと軽微なときを探す会話へと導きます。このようなとき、つまり「例外」に注意を向けることによって、大丈夫なときもあること、問題に取り組むのに必要なスキルと強みをもっていることに、子ども自身が気づくことができます。さらに、前の章でも述べた、子どもは自分の人生の専門家であり、前に進むための方法を見つけるのに必要な知識をもっているという前提が、より強固なものとなります。子どもたちは問題について、しなければならないことを言われること（言われたことをするかどうかは別として）に慣れていますが、彼ら自身の解決について聞かれることには慣れていません。そのため、解決についての情報を探し出すことに苦労することがあります。この点で支援者のサポートとスキルが必要

★ 解決志向で子どもとかかわる

とされるのです。

　解決志向の実践では、どんなに覆い隠されていようと、問題が起こりえたのに実際には起こらなかったときがあると考えます。そんなときを明らかにすることは、結果的にそれぞれの子どもがもつユニークな解決を明らかにすることでもあります。例えば、喫煙やチョコレートなど何かをやめようとしたときのことを考えてみれば、煙草を吸おうと思えば吸えたのにそうしなかったとき、2個目のチョコレートを食べることができたのにそうしなかったときがきっとあることでしょう。おそらく、あなたもほかの人もそのことに気がつかなかったか、もしくは気がついていてもそれでは充分ではないとして見逃してしまったのでしょう。これは、問題に目を向けて解決を無視する悪い癖が身についているためです。この癖は問題をどんどん大きくしてしまい、小さな改善は解決に関係のないことと捉えてしまいます。これでは問題を抱える人のやる気は失われてしまいます。解決志向の会話では、問題へのどんな小さな例外でも見つけるよう努めます。そうすることで、例外のときに子どもがいつもとは違うどんな思考や行動をとったのか、例外のときに特有の詳細な要素が明らかとなります。この目的は、いつもと違う状況をより明らかにすることによって、次に同じような状況が起こったときにそれを利用できるように記憶して活用できるように、子どもが自分の問題や人生一般をコントロールする力を増すようにサポートすることです。ここでの支援者のスキルは、解決の小さな始まりに気づき、「新たな表現で自分の人生を描写するよう彼らを励まし、文字通り自分を問題の外に置くような会話を通して」(Miller 1997, p.6) 子どもたちを手助けすることです。

✂――――ケース例

　カースティは、6歳の息子ジェイドンがどうしても言われたことをしないと訴えていました。彼女は、ジェイドンがいつも少しばかり反抗的な態度で、それがときにエスカレートして互いに怒鳴りあうようになると説明しました。ジェイドンは母親に悪口を言い、そうなると彼女はとても腹を立ててしまい、

❹ 問題の例外を見つける

ジェイドンが落ち着いて自分の行動について謝ることができるまで彼を自室に閉じ込めました。この作戦はあまりうまくいっていませんでした。ジェイドンは自室にこもることを「べつにいいもん」と言っていましたし、カースティは彼が落ち着くより前に閉じ込めるのをやめていましたが、ジェイドンは階下に降りて謝るよりも自分の部屋にこもりたがるからです（レヴィとオハンロン（Levy and O'Hanlon 2001）は、反抗的な子どもは親よりはるかにネガティブなものを吸収し、いやな気落ちをもち続けるものだと言っています）。カースティは、苦難の道のりが始まってから、ジェイドンが家とは違って学校では――はじめこそ大変でしたが今では――行儀がよくなって、自分が完全に敗者であると感じています。

ジュディス | お母さんは、あなたが学校に行き始めた頃には問題を起こしたけれど、今はとても行儀が良いと話してくれました。とても興味深いですね。どうやってそうなったのか話してくれる？

ジェイドン | 授業中に叫んだりしていた。マシューが僕に叫んでいた。悪い言葉を使って。ボーデン先生が僕たちにやめるように言ったけど、マシューはやめなかったので僕もやめなかった。ずるいよ。マシューがいつも僕を巻き込む。

ジュディス |〔ずるいかどうかの話題は無視して〕では、あなたがボーデン先生の言ったことにまったく耳を貸さなかったのなら、どうやって行儀よくなったの？

ジェイドン | ボーデン先生が僕を校長先生のところに行かせた。それからよくなった。

ジュディス | どうやってそんなふうにクルっと変わっちゃったの？

ジェイドン | 教室でふざけまわるのはやめて、行儀良くするように校長先生に言われた。

ジュディス | それでそうしたの？

ジェイドン | そう。

ジュディス | すぐに？

ジェイドン | うん。

★ 解決志向で子どもとかかわる

ジュディス | まあ、それだけで？［ジェイドンがうなずく］どうやってそうしたの？
ジェイドン | ただそうした。
ジュディス | どうやって行儀良くするの？
ジェイドン | とにかく行儀良くする。
ジュディス | もし私が窓から教室をのぞいたら、あなたが行儀良いとわかるどんなことをあなたがしているのが見える？
ジェイドン | 僕が叫んだり、ふざけたりしてない。
ジュディス | 叫ぶ代わりに何をする？
ジェイドン | 静かに話す。
ジュディス | ふざける代わりに何をする？
ジェイドン | マシューが僕を巻き込もうとしたら無視する。マシューは校長先生のところに3回も行ってるよ！
ジュディス | どうやってマシューを無視するの？
ジェイドン | ただ課題をやり続ける。
ジュディス | 行儀良くするために、ほかには何をしているの？
ジェイドン | ボーデン先生の言うことをしてる。
ジュディス | 一回の指示で？
ジェイドン | うん。ちゃんと聞く。
ジュディス | ではあなたは、行儀の良い6歳の生徒のように行動することができるんですね。もしかしたら7歳の生徒のようにかもしれませんね！　行儀の良い6歳の生徒は、ほかにどんなことをするでしょうか？

　学校でどのように行儀良くするか、それが自分にどのような影響をもたらすか、このように行儀良くすることが彼に合っているのかどうか、さらに細かくジェイドンから話を聞いた後、ジュディスはそれ以外の場面での6歳児らしい行動にも目を向け始めました。スーパーや友達の家ではどうか、そして家庭での行動について話し始めたのです。もし彼が最初は5歳児のような

行動をしたり、母親が二度三度と注意した後で母親の言うことを聞いたりするだけであっても、彼は変わり始めているところなのですから、もちろんそれで構いません。ゆっくりと小さなステップでスタートが切れれば十分なのです。解決志向のプロセスは、雪だるまを作るのに少し似ています。はじめに雪玉を固く作ることに十分注意すれば、雪玉はどんどん大きくなっていきます。ジェイドンの小さな歩みは、どんどん速度を増していくことでしょう。

問題に関連した話を成功に関連した話に変える

　話すことは強力な手段です。物事をネガティブな言葉で描写すると、問題だけではなく子どもについても悪いイメージを作り上げてしまいます。例えば、子どもを落ち着かせるために座らせる階段を「お仕置き階段」と呼ぶのはネガティブなやりかたです。代わりに「落ち着き階段」とか、「お行儀階段」とポジティブに呼んではどうでしょう。ネガティブな言葉づかいをしていると、子ども自身も、まわりの大人たちも、その子を悪い子だとか、病気だとか、何か欠陥があると考えはじめてしまう危険があります。また、このように話すことで、大人と子どもを引き離してしまう可能性もあります。誰かが責められなければならないならば、自分が保護者として失格かもしれないと思うよりも、子どもに問題のレッテルを貼ってしまうのも仕方のないことです。このようなイメージやレッテルは、子どもが成長する潜在能力を制限してしまいます。例えば、自分が集中できないのはADHD（注意欠如・多動症）のせいだと言う子が、そう伝えている最中、私たちに話をするときにはものすごく集中することができていることがあります。そこで、どのようにその状況に対処したのか、もしくはどのようにうまく困難を乗り越えたのか、そして彼らが使ったリソースを特定する話を子どもとすれば、会話は肯定的なものに、達成したことに関するものに切り替わるでしょう。

　「いつ、どこで、誰が、何を、どのようにして」の質問によって、どんな例外の詳細も精力的に探求することがとても重要です。例外を探すことで、そうしなければ失われたまま、隠されたままになっているかもしれない能力に

★ 解決志向で子どもとかかわる

人々の関心が向きます。私たちは、うちの子は学校では規律を乱す行動をとるが家ではそんなことはないとか、その逆に家では乱暴だが学校では……といったことを親が話すのをよく耳にします。この話の流れのなかでは、もっとうまくいくために、どんなことがうまくいっているのか、どうやってうまくいったのかに焦点をあてながら、どんな違いがうまくいった状況に関連しているのかについて質問をしていきます。この質問は子どもたちに、これまでに成功したことがあること（まわりの大人が考えて決めた成功ではなく、自分の希望や願いや彼らにとってうまくいっていることに関連した成功）と、その成功に気づいてもらえたことを強調することにもなります。進歩や成功に「気がつくこと」は、解決志向の実践ではとても重要なスキルです。気づいたことについて、「それについてもっと話してください」「どうやってそうしたのですか？」「誰かほかにそのことに気がついた人はいますか？」「簡単でしたか？　難しかったですか？」と尋ね、心から純粋な好奇心をもって話し合います。この時点では、子どもをほめたり、どうしたらもっとその例外を実践できるかといった提案はしません。その代わり私たちは、「驚きました。あなたはどうですか？」と聞いてみます。子どもはまったく驚いていないかもしれませんし、これでは満足せずもっと何かを望んでいるかもしれません。その場合はゴールを再び検討してみる必要があります。子どもが例外に満足している場合は、「このことに気がついていましたか？」「このことは、あなたがどんな人であることを示しているでしょうか？」などと聞きます。このような会話は、子どもが自分の行動に責任をもつように、そして自分のもつ個人的資質とスキルや能力をもっと知るように促すことになります。

✂————ケース例

　ソフィアは、ずっと湿疹に悩まされており、従来の医療手法でコントロールしてきていました。現在ソフィアは13歳ですが、彼女は掻痒感のために眠れず、疲労のため学校に行くことができません。その上ひどく掻むしってしまいます。これ以上薬の内服量を増やすと体に害を及ぼすことから、ソフィー

❹ 問題の例外を見つける

はカウンセラーのデイヴィッド・エプストンに紹介されました。彼女との面談の早い段階で、エプストンは例外に気がつきました。ソフィーは両腕がとても痒いと訴えつつも、腕を引っ掻いていなかったからです。彼女は両手をお尻の下に押さえこんでいるわけではないので、自分の意思で引っかくのをがまんしているのだろうとエプストンは気がつきました。この達成について彼はコンプリメントしませんでした。その代わりに、彼はもっと好奇心をくすぐる質問をしてみました。

- あなたには良いところがあると私は思うけど、どうかな？
- では、あなたのその良いところはどんなもの？（彼女は意志が固いところだと答えました）
- 若者の希望を踏みにじるような問題と戦うには、強い意思が必要だったろうと思います。戦いには勝ったけれど、その問題はまた舞い戻ってくるかもしれないと思いますか？
- しばらくの間それから解き放たれたとしましょう。あなたはそれがまたとてもひどくなる時期を予想することができますか？

（会話の全容は、Freeman et al. 1997, pp.166-267 を参照）

　このような会話をもつと、希望や参加意欲が増し、そのため変化の可能性が高まります。例えば、保護者の子どもの安全を守る能力に懸念がある場合、安全のレベルが上がったときに支援者が着目すると、変化をサポートし、物事が前に進み、より生産的になります。反対に、絶えず危険な行動の有無を中心に会話が進むと「プロブレムトーク」になりやすく、保護者は自分のことを失敗した人間のように感じ、「（この会話をもつことに）なんの意味があるのか」という考え方に陥ってしまいます。最終的には子どもの安全が最も重要なので、危険な行動を無視すべきだと言っているわけではありません。しかし、子どもと暮らす条件は特定の変化が生まれること、という計画であるのなら、「物事がうまくいかないとき、前進するためにどのようなことをしますか？」などと質問し続けることが会話の中心となります。例えば、あなたが

★ 解決志向で子どもとかかわる

　時間管理に苦労しているとして、あなたの上司との会話がレポートを時間通りに提出できなかったことや、その他の締め切りに間に合わなかったことに焦点を当てられていたとしたら、どのような気持ちがするでしょうか？　そしてそれは、あなたが今後締め切りに間に合うことにどう役に立つでしょうか？　逆に、もし会話が締め切りに間に合った、もしくはそれに近かったときのことに焦点があてられていれば、そうしたときにはどうやっていつもと違うことをしたのか気づく助けとなり、もう一度できるだろうという自信をより抱きやすくなるでしょう。そのような会話をもつと、自分に適した行動計画の細かい部分にまで目がいくようになります。さらに、何が違うのか／違ったのかを中心にした話し合いは、人生がどのようになるか、そして別の経験や可能性を描き出すきっかけとなります。

　子どもが、自分で意図的に作り出した例外を明らかにすることができ、何をどうやったのか特定して述べることができるなら、次の質問は明確です。「もっとそうすることができますか？」となります。しかしながら、多くの子どもたちにとって「どうやってそうしたのか？」という質問に答えるのは難しく、「単にそうしただけ」とか「ただそうなった」などと返答するので、その場合にはさらなる質問が必要となります。

子どもが答えあぐんでいるときにきっかけを与える質問

- あなたが〜ではないときについて話してください。
- あなたが今ほど〜ではないときについて話してください。
- この〜な気持ちにもかかわらず対処できるときについて話してください。
- あなたが〜のように感じても、そうしないとき、あなたは何をしていますか？
- どのようにしてそうしましたか？
- (問題) があっても、それであなたの一日が台なしにならないときについて話してください。

❹ 問題の例外を見つける

- 最近（問題で）あなたの一日が台なしならなかったのはいつですか？
- （例外が）もっと起きると、どのようになるでしょうか？
- （例外が）もっと起きると、誰がそのことに気がつくでしょうか？
- （例外を）もっと起こすために、あなたを助けてくれるのは誰でしょうか？

特に、問題について悪ぶる癖がついている子どもは、例外はないと言い張る場合もあります。その場合は、この状態を維持していることについて、「何ですって、宿題を時間通りにしたことがないのですか？　一度も？　そうすると、うっかり宿題をしてしまわないようにするには、しっかり計画的に行動する力が必要に違いないですね。それって大変そうですね」などと言って驚きを表すことで対応できます。それから、計画を立てて努力するというその子の能力について会話をもつことができます。そして、次のように会話を建設的なことに少し転換させましょう「あなたが毎日しているこういった努力から、ちょっと一息つきたいと思ったことはないですか？」。前にも述べたように、特に子どもが隠れている場所から出てきて恥ずかしい思いをしたくない場合には、ユーモアは役に立つツールです。例えば、子どもが極端に針を恐れている場合など、本心から子どもが例外を見つけることができないという状況も稀にあります。こういった場合には、同じようなリソースが必要とされる状況での成功を探してみることができます。そういうときには「あなたがこれまでしたことのなかで、いちばん勇敢だったのは何ですか？」と質問してみます。勇敢さは、多くの問題に取り組むために転用することのできるリソースです。以下のケース例のように、彼らの人生にかかわるほかの人たちに質問してみる方法も役に立ちます。

●―――ケース例

15歳のポールは、ガールフレンドや母親との関係を悪化させる原因となっている苛立ちを、もっと上手にコントロールできるようにサポートを頼んできました。彼には、ストレスが多く困難な状況をもっと上手に処理したいとい

★ 解決志向で子どもとかかわる

う明確なゴールがありました。それがどういうものであるか詳細になっていなかったため、面接の最初の場面は、彼がゴールを定義して組み立てられるように、（〜を減らす、のではなく）もっとどんなことをするか、問題が今よりも少なくなったらどう違った行動を取るかについての会話となりました。ポールは、もっと分別をもち落ち着いて状況を見極めている。もっとガールフレンドに敬意を払って愛情を注いでいる。互いにもっと相手を敬って話をしている。危うい場面からは立ち去っている。人生にもっと責任をもっている。状況がどうなっていくのか、もっと先のことを考えている、といったことを話しました。しかし彼は、ストレスが多く困難な状況のなかのどの時点でこういった行動をとれたか、例外を見定めることに苦労しました。

　これはポールのサポートワーカーが同席した初めてのセッションでしたので、ジャッキーが例外に関する質問をサポートワーカーに向けると、彼女はすぐに、最近ほかの若者たちと遠足へ行ったときの出来事について話してくれました。その遠足では、数人の女の子たちがポールをイライラさせましたが、彼は平常心を保ちました。それは閉じられたスペース（ミニバスのなか）で起こったことなので、特に難しいことだっただろうとジャッキーは認めました。彼がどのようにしてこの状況で落ち着いて座っていられたかについて、具体的な詳細を引き出すことを中心に会話がもたれ、それによってストレスの多い状況で落ち着いているための、彼独自の方法の詳細への足がかりを得ました。

　有益だった質問は次のようなものです。

- では、そのとき平静でいるために何をしていましたか？
- 何を考えていましたか？
- どんなことを言っていましたか？

　この会話は、困難でストレスの多い状況で平静でいるという彼の強い望みを実行した別の二つの状況を思い出すことにもつながりました。彼自身の返答から、自分の強みとリソース、そして将来同じような状況に遭遇したときに、どのようにしてこれらのスキルを使うことができるかについての考えが得ら

れました。これは彼が望む将来を実現するのをサポートするのに、他人が彼の役に立つだろうと思うアイデアを提供するよりも、はるかに力強く、相手を尊重した機知に富んだ方法なのです。

✎ ──── 演習

あなたがかかわっている子どもや若者にこういった質問する前に、まず自分自身に試してみてください。次にあなたの家庭や職場で困ったことが起こったときに、以下の質問を自分にしてみてください。

- 同じような状況に直面して、それを乗り越えたのはいつだったか？
- 何が良かったのだろう？
- そのときは何が違っていたのだろう？
- いつもと違うどんな行動をとったか？
- どうやってそうしたか？（三つ挙げる）
- ほかに何が起こったか？
- 物事が改善したとき、まず誰が気づいたか？
- ほかには誰が気づいたか？
- このようなとき、彼らは何に気がつくか？
- ほかには？
- 自分がこういったよい方法で状況に対応していることに彼らはどうやって気がつくか？
- どのようにしたらもっとそうできるか？
- ほかには？（どのような場合にもさらなる発見があります）

「何が違ったのか」について、こういった会話をしていると、たった2、3時間前の違いを見てみることが役立つことに気がつくこともあります。例えば、もし仕事に行く前に家で不愉快な朝を過ごしたとしたら、おそらく楽し

⭐ **解決志向で子どもとかかわる**

く穏やかな朝食をとってから仕事へ行ったときとは違う気分でしょう。これは、小さな子どもが学校で、それまでと比べてより適切な行動をとれたときは何が違ったかを彼らといっしょに辿って探すときに、よく出てくるケースです。時間通りに起きる、朝食の席に着く、素敵な会話をする、楽しく過ごす、リラックスする、優しく話しかけるといったことが挙がります。このような取り組みを専門家に教えているとき、実演してほしいと頼まれることがよくあります。そこでちょっとした問題を抱えている人に名乗り出てもらってみると、ほぼいつも、朝の時間が足りない、そのせいで結局は声を荒げたり言い合いになったり怒ったりしてしまう、という問題が挙げられます。

大人がネガティブな場合の例外探し

　子どもが「問題になった」場合、彼らのまわりの大人も失敗や批判のなかで生活しており、おそらくとてもネガティブな状態になっているでしょう。彼らは問題に慣れ親しみ、支配されてしまっているかもしれず、例外に気がつくのは難しいかもしれません。もしくは、問題がとても大きくなってしまっているため、今は例外を取るに足らないものと見逃しているのです。このような状況では、まずは大人がしているよい行いは何かに気づき、それを認めることが何よりも助けとなります。これは、子どもが（どんなに短い時間でも）礼儀正しくしているなど、何か具体的で特定のことに結びつけるとよいでしょう。例えば、「まあ、礼儀正しいよい子に出会えて嬉しいわ。（大人に向かって）この家では礼儀を大事になさっているのがよくわかります」などと言うことができるでしょう。もしくは、「この問題で大変な目にあわれているのに、あなたはお子さんのためにここにいらっしゃいました。あなたの決意とお子さんを思う強い気持ちが伝わってきます」など、彼らがそれでも解決を探していることに気づいてもらうような基本的なことでもよいでしょう。

　もし、それでも大人が例外を認めるのが難しいと思う場合には、ネガティブなことを確認するような情報収集の仕方を変えることによって、強調する点を切り替えてもらうとよいでしょう。例えば、学校では悪い行いをした生

❹ 問題の例外を見つける

徒のことを通知表に書きます。これでは教師がどんどん悪い行いを見つけるようになり、教師と生徒の関係が非常に悪化するような教育的指導となってしまいうまくいきません。でも、これをひとひねりして、表裏両面の通知表を子どもに渡すとよいでしょう。その通知表には表裏両面に全科目がリストアップされており、表には生徒がした良い行いの詳細を全部書くよう教師に指示し、裏には生徒がした悪い行いの詳細を全部書くよう指示しますが、「悪い行いは、良い行いを何か書かなければ記入してはいけない」ことにします。生徒が、嫌いな教師からひとつでもポジティブなことを書いてもらおうと授業に急いで行き、とてもすばらしい行動をするのを目にします。生徒は自分たちが教師を操っていると考えるかもしれませんが、どうあれ生徒たちが行儀良くなるのですから問題ではありません。

　常にネガティブな保護者のためには、リスペクト・ビンゴというゲームをすることがあります（@Mar★co Products, Inc. www.marcoproducts.com）。このゲームは小学生が教室で行うようにデザインされていますが、どの年齢の子どもや保護者がプレイしても同じようにうまくいきます。ゲームの参加者にプレイカードを配ります。幼い子どもや読み書きのできない子どもにはヘルパーを配置します（カードは全部少しずつ違います）。準備ができたら、リストにある行動の例を話して、さらに、ほかの家族がその話を承認したらマスを埋められると説明します。ビンゴに書かれている思いやりの項目の例について話し、家族からも同意を得たら、これはその回答者の例外か能力の証拠になりますから、全員がよく理解できるようにさらにその詳細について話し合います。例を挙げてもその項目が皆から同意されない場合、子どもにとってそれが変えたり伸ばしたいものなのかどうかを考えさせるために、引き続き会話をするという進め方があります。結局のところこれは遊びですので、このゲームは自分自身を危険にさらすことなく、小さい子が大きい子に挑戦したり、子ども全員が親に挑戦したりすることができます。私たちは、保護者はこのゲームをとても楽しむものの、勝つことはめったにないことに気がつきました。母親は、「自分を大切にする」列のマスを埋められない傾向があります。そして残念ながら、

保護者は会話をしょっちゅう遮ることを子どもから強く指摘されるので、「順番に話す」マスを埋められた保護者を見たことはありません。

リスペクト・ビンゴ

問題を外在化する

　支援者は、問題や困難を抱える子どもが特定のカテゴリーにあてはまったり、病気や障がいをもっていると診断されなければ、彼らのリソースを見つけることができないことがあります。カテゴリーや診断は役に立つものであっても、それは別の側面を無視してその子ども全体を一言で表現してしまうレッテルになりかねず、ネガティブな影響があります（例えば「彼は自閉症である」「彼女は拒食症である」など）。なかには成長過程で背負い続けたレッテルに重圧を感じている子どももいます。例えば、ジェシカは秘書になりたいと思っていましたが、軽度の学習障がいを乗り越えることができず、彼女のソーシャルワーカーは、夢を見るのはやめてスーパーマーケットで仕事を見つけるように提案しました。レッテルと共存することを学ぶ子どももいます。例えば、「僕はアスペ（ルガー症候群）だから友達ができない」など。もちろん、子どもや若者

は、拒食症や薬物依存など、どんなレッテルであれレッテルそのものではなく、たまたま問題を抱えている人間なのです。レッテル張りされるなかで子どもを中心とした支援を行うには、外在化（White and Epston 1990）と呼ばれるナラティヴ・セラピーの技法を用います。これは、問題に名前をつけるプロセスによって、子どもと問題を切り離すテクニックです。このプロセスにより、子どもやまわりにいる大人が、問題は子どもの内部にあるのではないと考え、子どもが体験している問題が、アイデンティティを形作ったりアイデンティティに反映されたりすることはないと気がつくことができます。これは問題について話をするための強力で子どもに力を与えるもうひとつの方法で、子どもはすぐに興味を示します。

✂――――ケース例

　ジミーは8歳になってもまだウンチを漏らしてしまっていました。学校よりも家での方がひどくて、ベッドでも漏らしてしまうことがあります。ジミーは「ウンチの問題」について助けを求めてきたものの、当然のことながら、ジュディスとそのことを話すときにはとても恥ずかしがりました。彼が最も望むことや例外について尋ねるよりも、ジュディスはまず問題を外在化することから始めました。それで「ジミー、ウンチの問題は、いつからあなたの人生を惨めなものにしているの？」と尋ねました。ジミーはその問題に煩わされていなかったときを思いつくことができなかったので、ジュディスはウンチの問題はジミーを徹底的に知りつくしていて、彼が問題を打ち負かそうとしても、どうやって彼の足をすくったらよいか知っているに違いないと言いました。「トイレでウンチをしようと考えるとき、ウンチの問題はあなたになんと言うの？」とジュディスは尋ねました。ジミーは、ウンチが出そうな感じがすると、それまでしていたことをやめてトイレに行かなければならないと考えるけれども、ウンチの問題は、気にせずそれまで見ていたテレビの映画番組を見続けろと言うと答えました。「ずる賢いことをするのね」とジュディスは同情して言いました。ジミーはウンチの問題がずる賢いことに賛成して、それ以後「ずる賢いプー（ウンチ）」が問題を説明するときの名前となりました。

★ 解決志向で子どもとかかわる

　問題を外在化することにより、ジミーは失敗や落胆の感覚から解放されました。いったん「ずる賢いプー」が彼の人生に居ついて彼を惨めにさせていると気がつくと、彼は「ずる賢いプー」の人生を居心地の悪いものにするための独自の計画を立てることができました。そして、「ずる賢いプー」が本当にずる賢いことを知っているので、彼は「ずる賢いプー」がしかけてくるかもしれないさらなる意地悪に備えることもできました。例えば、仮に昼間「ずる賢いプー」を負かしても、夜「ずる賢いプー」が彼にしてくる仕返しに備えることができました。（ずる賢いプー、もしくは卑怯なプーは、お漏らしを説明するときに子どもがよく使う名前です。このケース例の全容については、Freeman et al. 1997, pp.98-105. を参照してください）

　子どもは自分の行動に対して、自分に関連があり、意味のあるかたちで、「名前をつける」機会が与えられます。そして子どもの会話パターンに合った隠喩（メタファー）を会話のなかに導入します。あなたは、子どもと問題と戦うことについて話すことも、問題をコントロールすることについて話すこともできます。すると、子どもがどのようにしてこれまでそれを達成したかについて、その詳細が集まります。つまり例外探しです。こういった会話は、過去に子どもがどうやって上手に問題に立ち向かったかについての新たな別のストーリーを提供します。成功に基づいて考えていくと、どんなに小さくても物事は改善する時期があるのだという希望や、認められたという気持ちを子どもは感じることができます。

　「問題」について会話をするのは難しいものです。そのハードルのひとつは、何が悪いのか実際に認め率直に話し合うことです。問題に名前をつけると、家族が心配事について安全に話し合えると感じる語彙が生まれ、困難に対処する方法を探し始めることができます。これは、保護者が自分自身を責めたり、もしくは子どもを責めているような状況など、問題が手に負えないように見え始めたときには特に重要です。外在化によって全員と問題との関係が変化するため、非難のない状況が作り出されます。いったん名づけて理解

する作業が終われば、全員が一丸となって、子どもにではなく問題に取り組むことができるのです。

問題を表現し位置づける

　外在化の会話は問題を表現することから始まり（問題に適切な名前をつけること）、問題が子どもに与える影響について考慮し、それらの影響を評価し、そしてその評価の妥当性を検討します。問題に名前をつけることは、子どもたちが自分の状況をユニークなものとし、問題をどう見ているか表現するのを支援することになるので、彼ら自身が名前をつけることが大切です。「もし私たちが話している問題に名前をつけるとしたら、なんと呼びますか？」と彼らに尋ねます。名づけられた問題の影響について考えるときには、その作業によって、子どもは問題を自分や自分のアイデンティティと切り離すことができるようになります。「いつもよりも〈問題の名前〉によって状況をコントロールされてしまっているとき、それによってあなたの人生のさまざまな側面／人間関係は、どんな影響を受けていますか？」と尋ねます。その次のステップは、子どもに彼らが表現した影響を評価する機会を与えることです。そのような質問をすることで、彼らがその影響に満足かどうかじっくり考える余地を提供し、そしてそこから、自分が考える評価を正当化する問いへとつながって、自分にとって何が重要であるかについてより豊かな表現を獲得し始めます。例えば、大麻を乱用する若者との会話では以下のような質問が挙げられます。

- 大麻はあなたの味方でしょうか、敵でしょうか？
- 大麻はどのようにあなたを騙して、人生に不可欠であると思わせたのでしょうか？
- 大麻は、あなたの人生、あなたと親しい人の人生、あなたの人間関係にどのような影響を及ぼしていますか？
- 大麻のある人生とない人生の選択肢を与えられたら、どちらを選びます

★ 解決志向で子どもとかかわる

か？
- 大麻を拒否するのを邪魔しているのは何でしょう？　大麻はそれらを使って、どのようにしてあなたの人生に入り込んで来たのでしょうか？
- どれくらい、あなたの人生に影響を与えれば大麻は満足するでしょうか？　一生ですか？
- 大麻に支配されている人生は、あなたにふさわしいですか？
- あなたが大麻のついた嘘に騙されなかったときについて話してください。
- あなたが大麻を待たせたときについて話してください。
- 大麻からの誘いを断ることは、あなたがどういう人であることを表していると思いますか？
- あなたが大麻をコントロールできていると感じたとき、何が役に立ったでしょう？
- あなたが希望や夢をもつことを大麻が邪魔しなかったときについて話してください。

演習

❶ 問題を抱える子どものなかで、ほとんど進歩を遂げていないとあなたが思う子どもを選んでください。次にその子どもと話をするとき、問題に名前をつける質問をし、前記リストにある質問の大麻の代わりにその名前を使って質問してみましょう。

❷ あなたがかかわっている子どもで、怒りをうまく扱うことが困難な子どもを選び、次に示す質問をガイドとして利用しながら、その子どもと好奇心をそそるような会話をもってみましょう。幼い子どもは、怒りが自分の体にどのように影響するのかを絵に描くのが好きなことが多いです。

- あなたの怒りは何色ですか？――例えば、もし赤と言ったら、暗い赤か明るい赤か尋ねてみましょう。赤は怒りを表す最も一般的な色ですが、もちろん唯一の色ではありません。私たちはあらゆる色に出合

いましたし、色は子どもの感情について多くのことを語ってくれます。
（例：激しい赤、絶望的な黒、すすり泣くような青、溺れるようなヘドロ色）
- どのような形ですか？――もし彼らが爆弾のような丸と答えたら、その爆弾は大きいのか小さいのか、すぐに爆発するのか導火線が長いのか尋ねることができます。ぎざぎざのある形なら、角がどれくらい鋭いのか、それによって誰が傷つくのか尋ねることができます。
- それ（上の二つの質問の答えから明らかになったもの）は、まずあなたの体のどこに現れるでしょうか？　頭のなかですか？　お腹ですか？　胸ですか？　それとも？
- それがあなたの（お腹、胸……）に現れると、次はどこに行きますか？　ここでの補足的な質問には、「それはあなたの口にまっすぐ行きますか？　足ですか？　手でしょうか？」などがあります。
- それはどれくらいの間そこに隠れていましたか？
- 〈問題につけられた名前〉があなたをこのようにいじめることは、あなたにふさわしいですか？

そしてそのあと、例外を探すための質問をしましょう。

どうしても名前を考えることができない子どもとの外在化

　ほとんどの子どもは容易に問題に名前をつけますが、学習困難をもった子どもなど、なかには困惑する子どももいます。そのような状況での援助法としては、絵を描いたり、モデルを提示したりする方法があります。そうすることで問題がより視覚的になり、問題に立ち向かうのが容易になります。子どもがどうしても名前を思いつかない場合には、別の子どもが使った名前を提案して、それらの名前のどれかがその子に合っているか尋ねることがあります。彼らが問題の名前をほかから借りるときには、いつでも名前を変更できることを伝えます。もしくは、問題がどんな動物にいちばん似ているか尋ねることもできるでしょう。例えばジュディスは、教師を蹴ったり悪態をついたりしたために学校から追い出されそうになっているある幼い子どもに、「もしＣ先

★ 解決志向で子どもとかかわる

生が動物だとしたら、どんな動物？」と尋ねました。彼はすぐさま、唸るトラだと答えました。ジュディスは「トラにはどうしたらいちばんいいの？」と尋ねました。同様に、子どもの好きな本やテレビ番組のキャラクターを利用することもできます。ある若者は、障がいのある弟をヒッポグリフ、自分をハリー・ポッターとみなすことで、それまでよりも弟の要求に寛容になることができました。ハリー・ポッターファンなら誰でも知っていることですが、ヒッポグリフはすばらしい能力をもっているものの、注意深く慎重に扱う必要がある動物です。どちらの筋書きにおいても、その次のステップは、トラやヒッポグリフを手なずけるために必要な、どのようなスキルをもっているか、そしてどんなスキルを彼らは身につけなければならないか子どもに尋ねることです。[訳註1]

学習困難のある子どもには、私たちはしばしばミスター・メンのキャラクター（英国の絵本に出てくるキャラクター）を活用します。これは描くのが簡単で、体は丸だけで手と足は線で、特徴をよく表せるという利点があります。特徴的な性格がその子の問題なら、例えば、「短気君」や、「散らかし屋さん」や、「とにかくやってしまう君」などを描くのを手伝います。その後は、「〈短気君〉があなたを生意気にしようとしたけれども、あなたがそうならなかったときについて話してくれますか？」など、子どもに例外について尋ねることができます。その後で、どうやってそうしたのかの質問もしてください。ミスター・メンで描いたキャラクターの反対のキャラクターを描くこともできます。例えば、「短気君」が「礼儀正しい君」に反撃されるかもしれません。そして間もなく「短気君」が当然の報いを受けるという話にもっていくことができるでしょう（このかかわり方の全容については、Milner 2008, pp.47-48 を参照してください）。

［訳註1］ハリー・ポッターシリーズに登場する馬の体に鷲の翼と顔をもつ魔法動物。仲良くなるためにたくさんの注意事項がある。

❹ 問題の例外を見つける

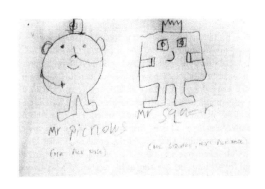

鼻ほじり君と
（鼻ほじりをしない）まじめ君

　深刻な反社会的行動をとる子どもは、問題の外在化に抵抗することがあります。例えば、ジュディスがある若者に問題を外在化するよう話し始めたとき、彼はジュディスに「いや、問題が俺に何かさせるんじゃない。俺はもともと悪いんだ」と言いました。このような状況では、外在化の会話は問題について質問することを通して進めます。「ではそのあなたの〈悪さ〉はあなたの人生をより良くするためにどのようなことをあなたにさせますか？」と尋ねるなど、〈悪さ〉が子どもの人生にどのような影響を及ぼすのか探究します。同様に、問題扱いされることに慣れきっていて希望を失っている子どももいます。例えば、肥満への取り組みは政策課題ですが、肥満への非難は続いても、現在行われている介入のほとんどには効果が表れていません（Licence 2005）。肥満の子どもにとって肥満は恥ずかしい問題であるため、彼ら自身について尋ねられるより肥満について尋ねられる方が考えやすいのです。例えばジャッキーは、あらゆるダイエットを試してもそのつど失敗して、体重がまったく減らなかったある体重過多の少女に、問題そのものになってもらって質問しました。

✂──────ケース例

　［ルイーズにジャンクフードになってもらって質問します］

ジャッキー｜さて、ジャンクフードさん、あなたがルイーズにどう影響を与えているのか、話してくれますか？

★ 解決志向で子どもとかかわる

ルイーズ | 私はとても愉快に過ごしていますよ。ルイーズの服のサイズを上げることに成功しました。こんなときが、私の存在が彼女を本当に打ちのめしたときです。ときには彼女が私に立ち向かってくるんじゃないかと心配することもありますが、私は彼女の人生にかなりのあいだ住みついていますので、彼女の変わろうとする決意は長くは続きません。そして彼女はまた挫折するんです。私はまた、彼女が好きな男の子とデートするチャンスも全部つぶしてきたと思います。彼が彼女をデートに誘うように見えたときには、彼女が少し自信をもつんじゃないかとちょっと心配になりましたが、彼の友達が彼女をひどいあだ名で呼び始めると、そんなことが起こるはずがないと安心したんです。

私は自信を失い続けています……［ジャッキーはルイーズではなくジャンクフードに質問をしているのだと口をはさみます］ええ、そうでしたね。私は彼女の自信を失わせ、自己認識を貶めます。彼女は自分を評価できず、友達にも自分を卑下した態度を取っています。まだ彼女のまわりには友達がいますが、でも彼女は以前ほど彼らと会いません。試験も終わり、友達は今までよりもクラブ通いなどを始めました。そして彼女は、私が現れる前の服を着られるとは思っていないんです。そのうち、友達も完全に彼女に電話をするのをやめるんじゃないかって思います。

ジャッキー | あなたの存在が、ルイーズの人生のなかで確実に大きなものであり続けるために、どのようなトリックを使っているんですか？

ルイーズ | 今のところ、ルイーズは元気がなくて自信もないから、とても簡単です。私は自分のことを小さく魅力的に見せることもできるので、人には「ひとつくらい大差ないわ」などと言われます。世の中には、本当はそうではないのに見た目だけは健康に良いと偽った食べ物があまりにもたくさんあるので、そういったものにも少し助けられています。

ジャッキー | ルイーズのまわりにいる人で、あなたの探究を手助けしているかもしれない人はいますか？

ルイーズ | 彼女の母親はときどき私を助けてくれます。彼女がルイーズのことを心配しているのは知っていますが、彼女はどうすべきか知らないのです。

❹ 問題の例外を見つける

だからルイーズが落ち込んでいるのを見ると、チョコレートなんかをあげたりして……私にとってはボーナスのようなものです！

［慎重に会話を進めたあと、ジャッキーは例外を探し出す会話に切り替え、ルイーズが〈問題〉に打ち勝ったときを思い出させるような質問をしました］

ジャッキー | ジャンクフードさん、最近彼女をコントロールするというあなたの作戦が失敗に終わったことはありましたか？

ルイーズ | ルイーズの服のサイズが上がる前のことですが、第一希望の大学に合格して、数か月のうちに大学へ行くのだという期待に彼女はとても興奮して、自信が高まりました。彼女にはゴールがあり、それから1週間ほどの間、彼女は計画を立てたりいつもよりずっと集中したりしていて、私の存在は小さなものになりました。ルイーズは自分の学力に自信があるので、この自信がときおり彼女の人生の別の部分にも影響を及ぼすんです。幸運なことに、このときは彼女の母親が「ご褒美に」新しい服を買うために彼女を買い物に連れていきました。そこで彼女は服のサイズが上がったことに気がついたんです。ルイーズはとても動揺して、二人は喧嘩になりました。

ジャッキー | ルイーズの人生の別の分野で、支配するのが難しい部分はありますか？

ルイーズ | ルイーズには、夜遊びの誘いをいくら断っても接着剤みたいにくっついて離れない親しい友達が一人います。それによってルイーズは自分のことが少し好きになり、体重以外にも重要なことがあるのだと確信するんです。

ジャッキー | 彼女をうまくコントロールするあなたの能力に疑問を抱かせたこの（もしくはほかにも）出来事は、彼女がどのような強みやスキルや能力や資質をもっていることを示していますか？

ルイーズ | 大学へ行き、自分のやりたい道を進む、つまり法律家になるという彼女の願いは非常に強いです。彼女が集中して目標に向かっているとき、何者も彼女の邪魔はできない気がします。他人を思いやる態度とユーモアのセンスも、彼女といっしょにいたいとほかの人に思わせるんです。

ジャッキー | ルイーズがもつ何が、そして彼女が人生に望むものの何が、あ

なたの能力に疑問を抱かせ、挑戦してきていますか？

ルイーズ | やはり、彼女の決意です。願いを実現し、彼女の家族の誰もが成し遂げられなかったことをやり遂げて、家族とは違う人生を送るという決意です。

ジャッキー | あなたを人生から蹴散らそうと彼女は頑張っていますが、まわりの誰が彼女の味方になっていますか？

ルイーズ | ルイーズが母親と買い物に行ってから、母親が私を追い出す手助けをすることに非常に熱心になったと気がつきました。娘の人生に私がどんなに影響しているかが、心から理解できたようです。彼女は家庭医に電話をしましたし、ルイーズには大学に行く前にいっしょに解決しましょうと言いました。

安全確保における例外探し

　前にも述べたように、絶えず起こり続ける問題というものはありません。しかし子どもの安全に懸念がある場合には、それ以上危害が広がらないことを保証する責任感から、支援者は何が悪かったのかに集中してしまう傾向があります。したがって、安全を確保する仕事は、起こってしまった虐待や、それがまた起こるかもしれない危険性に完全に支配されることがあります。これはトーマス（Thomas 1995）の、児童福祉において95％の行動は広い意味で通常の権限内、社会的に許容される範囲内にあるという見解を無視することになります。例えば、酔って喧嘩したのを子どもに目撃され、母親と離されたにもかかわらず、下の二人の子どもを失う危機にも直面している父親から、この問題にかかわったソーシャルワーカーが、前の妻との間の5人の子どもたちを自分がきちんと育てあげたことを理解していないと苦情を申し立てられたことがありました。

　例外は安全の最初のサインですので、評価し・測定できる十分安全な状況になるまでは、早期に例外を発見して拡大させることが重要です。ですから「息子を叩きたい気持ちになったけれど、そうしなかったときについて話して

❹ 問題の例外を見つける

ください」「子育てがうまくいっているときには、あなたは何をしていますか？」「あなたの子育てについて、まわりの人が大丈夫だと確信したとしたら、彼らはあなたがどんなことをしているのに気がつくと思いますか？」などと質問をすることが重要です。例外は安全を保証はしませんが、安全のための計画を発展させる建設的なスタート地点になります。ケースカンファレンスと評価の場において例外に注意を払うことは特に重要です。そうしなければ会議の95％がリスクについての話し合いで、残りの5％が安全の計画のために費やされることになってしまいます。その上、家庭をより安全で健康な場所にするために何が有効であるかを明白にすることは、それぞれの家族にとってより意味のあることなので、安全な行動が今後維持される可能性が増加します。

　例外の存在をはっきりとさせるのは、いつも簡単というわけではありません。身体的な暴力が減ったことをほかの家族と確認するのは単純ですが、被害者が誰かわからない場合や、性的な衝動に対する例外を主張している場合には、確認を得るのはより難しくなります。その際は、他人に対する敬意の増加や、多様な状況において責任をはたしていること、正直であることなど、類似する測定可能な行動を調べるなどの本題とは離れたアプローチが必要とされます（次ページの安全性と懸念に関する資料を参照してください）。例外がない場合には危険が増加しているということなので、子どもを家族から離す必要がでてきます。

★ 解決志向で子どもとかかわる

名前｜フレディ・ジョーンズ　　　　　　　　　　　日付｜2011年2月

懸念事項	安全性
紹介元の懸念事項：4歳と6歳の従弟（または兄弟）の二人の性器を下着のなかに手を入れて触る。2回続けての訪問中、そのどちらにおいてもなされたと報告。学校では6歳の児童と触るが出来事がと報告されている。この件では、下着の上から性器に触れている。	フレディは性的状況／関係に関連する法律／権限と強制力について理解している。これは彼との会話から明らかであるし、また、彼にさまざまな説明がなされてきたという点においても明確である。フレディは自分の行動について「おさわり太っちょ」と名前をつけた。彼らは「小さすぎるために」何が起こったのかわからなくなったということを理解している（2009年2月1日）。
近所元の懸念事項に応じた友人関係に欠けている。新しい土地に引っ越したので、父親はその地域のボーイスカウトやフットボールチームに問い合わせをしている。	今後の申し立てから自分の身を守ることも含め、12歳の子どもの責任を理解している。フレディは自分の部屋をきれいに片づけること、宿題をすることなどさまざまな方法で、責任を果たす能力が高まっていることを示した。学校側もフレディが授業中にさらに分別のある態度を示していることを確認している（例えば、本を配る手伝いをするなど）。また、「ふざけた」会話に加わる回数も減少している（2006年3月8日）。
	今回起こったことと異なるがどのように似たようなシナリオでの話し合いを通して、フレディはほかの人からどのように見られたかったのか（好みのアイデンティティ）、してはいけない方法で触ることが被害者に及ぼす影響、抑止力に加わる実践的な方法について話した。
フレディはさまざまな方法で安全性が増加したことを示し始めている（2002年3月1日）。また、被害者のプライバシーも尊重するようになり、この件に関して自分がどうしたらよいかもわかっている。	
家族は引っ越したばかりであり、バスルームにはドアがない。プライバシー尊重のために父親がカーテンをかけたが、ドアを設置することが必要である。管理レベルに関する家族セッション—いつも部屋のドアを開けておく、幼くてもフレディとプライバシーを強く求めるための解決方法を提案するなど、家族はそれに協力的である（2005年2月8日と2006年1月2日）。	性的発達と性知識に関する二つのセッションに父親が参加した。彼は内容をきちんと理解し、これらの行動をフレディが何歳で好むことを好ましく思うかということについて話した。私たちは同様に、予想可能な性的な遊びから、懸念、虐待へと行動が変化するのはどの時点か、そしてそれをひき起こす要因について話した。彼はなぜそれが子ども同能力であるのかを理解することができ、父親が良い理解を有していることが再度評価された。

118

❹ 問題の例外を見つける

夏の間フレディは、クラスから外されたり学校を停学させられたりしていた。セッション予定日には彼は学校にいなかったので、そのことがアセスメント・セッションに影響を与えた。フレディは「恥ずかしい」と腹立たしいと感じていると言った。そのようになるときには長い時間自室にいるのだと「お触りができるときはきちんとやって、友達と母親が家を出たことが、そのような気持ちになる要因となっているのだと言うつけた」(フレディ、2010年10月20日)。

再度のクラスからの除外に関する学習支援員との会話により、学校でフレディの学習支援計画を練りながらの一対一でのセルフ・エスティーム・セッションを行うという結果に結びついた。

フレディは自分の感情や行動（触ること）について父親と話し始めた(2001年2月1日)。フレディは、これらの感情が起こったときに学校でサポートしてくれるネットワークの一人は、彼の学習支援員であると明らかにした(2002年3月1日)。学習指導員はこの10週間、不適切な身体接触の報告はないと言っている。

子ども・若者のゴール

「今やっている取り組みを全部した後で、幸せな人生を送りたい」具体的には、「どこにいても良い行動をとり、やるべきことをきちんとやって、友達をもっとつくりあげて8のことを好むよ、外で遊び、問題について忘れる」(フレディ、2010年10月20日)

ケアする人のゴール

「起きたことをきちんと理解できて、何が良くて何が悪いのかについての理解を深めてほしい」(父親、2010年10月20日)

専門家のゴール

「自分の身を守り、適切なスキンシップのとり方を学ぶよう彼を手助けすること」(紹介元の公的ソーシャルワーカー、2010年10月20日)

「フレディが良い触り方、悪い触り方への理解を深め、普通の11歳の子どもと、してはいけない行動を表現する子どもの違いについて、その理解を言葉で表現すること」(ジャンクションのワーカー、2010年10月20日)

安全性スケール

若者が性的な行動をコントロールするために現在もつ力のスケール

0 まったく安全ではない ←——————————→ 10 完全に安全である

2010年10月、フレディはこのスケールで5.8と自己評価した。その理由は、「僕は前よりずっとコントロールできるようになったと感じています」(2010年10月20日)。現在フレディは9と自己評価している。コントロールできるようになったことについて話しあっています(2011年2月5日)。父親はスケールでフレディに5の評価をつけている。「お触りが触れることに集中できているようなサインを目にしたものの、フレディが触れることは安全の段階に進み、次の段階に着手する必要があると判断したためである。13週間が経過し、安全レベルの上昇が示されていることが見られた。ポジションにいることに満足している」(2011年2月5日)。
専門家は最初スケールでフレディに5の評価をつけた。それは彼女が初めてフレディの家を訪問したときに安全ではない関係・安全に対する新たな知識と理解を身に着け次の段階に進み、「触れる」ことを頭から追い出すことに集中できるようになったため、安全レベルに積み重ねて安全レベルを増すため、現在は7の評価になっている。新たに知識を得る必要があるかをチェックし、現在のレベルからの積み重ねてきた安全レベルを増すため、現在は7の評価である。そのためセッションは6回の評価が推奨される。

署名

署名

119

★ 解決志向で子どもとかかわる

キーポイント

- 解決志向の実践の基本的な前提は、（程度はさまざまで別の形をとることもありますが）問題には必ず例外があるということです。支援者の課題は、例外が起こったのにそれを子どもが見逃しているとき、もしくはたいしたことではないと捉えているときについて積極的に聞くことです。あるいは、問題が起こらなかった、もしくは問題の程度がましであったときについて子どもが考えたり明らかにしたりする機会を、質問と探究を通して与えることが課題です。具体的に何が違っていたのかを明らかにする会話は、いつ・どこで・誰が・何を・どのように、といった詳細に注目し膨らませることによって強化していきます。

- このような会話の目的は、成功したとき、特に成功を引き起こすために子ども自身が何をしたのかをより目に見える形にするためです。成功したときを視覚的に捉えられるようになれば、さらにその成功を積み重ねたり、日常生活のなかで応用したりすることができます。

- 例外を探し出すことは、子どもにとって気持ちを高揚させる力強い経験です。特に自分を「駄目な人間」であると信じている子どもや、そう言われ続けてきた子どもにとってはなおさらです。子どもの成功を考慮することは、うまくいったときもあったのだと子どもたち自身が確証できる最善の方法でもあります。

5 子どものもつ強みを見つける

　子どもに効果的な働きかけを行う上で鍵となるのは、子どもたちのもつ強みや能力を、彼らや身近にいる大人たちにもっと明らかに示すことです。これらのリソース（資質・資源）を明確にすることで、子どもたちそれぞれがもつ、問題に対するユニークな解決の基盤が固まり、レジリエンス（立ち直る力・耐える力）を発達させます。本章では、レジリエンスを備えた子どもの特徴について手短に考察し、その後、子どもたちのもつスキルや適性、能力を発見するためのさまざまな方法について説明します。そしてまた、一見すると弱点であるように見える行動がどのように強みへと変化するかを説明し、反抗的な子どものもつ強みを明らかにすることの難しさを検討します。ケース例だけでなく、読者自身のもつスキルやリソースを（再）発見するための演習もあわせてご紹介します。

強みとレジリエンス

　解決を探し求めることに専念していると、危険を覚悟で問題を無視していると非難されることがしばしばあります。私たちのしている仕事は表面的で、問題は徹底的に調べられなければならず、そうしなければ問題は覆い隠され、結局は後になって再び表面化するというのです。つまりは、問題を無視しても問題はなくならないということです。しかしながら、配管のトラブルとは違い、子どもが抱える問題と本人たちが考えつく解決は必ずしも結びつきません。例えば、肥満の子どもとジャンクフードの摂取を控えることのように、問題と解決が直接つながっている場合であっても、より健康的な食生活の計画は子どもによって大きく異なります。故障したトイレの持ち主とは違って、

★ 解決志向で子どもとかかわる

自分なりの好みの解決についての考え方があり、その解決にいたるスキルや能力や強みをもっている子どもは、私たちに熟練の配管工のように振る舞ってもらいたがることはほとんどありません。したがって私たちの取り組みは、子どもたちのもつリソースを発見することが中心となります。青少年人材開発評議会[訳註1]は、子どもや若者に対応するスタッフに必要なコア（中核的）スキルを見直す作業のなかで、若者が適切にサポートを受けるためには、対応する若者についての知識、特に若者の「具体的な強み」をきちんと把握することが、必要なコアスキルのひとつであることを発見しています。医学にたとえてみましょう。私たちが取り組む問題を腫瘍と考えた場合、二通りの対応があります。問題志向では、腫瘍を取り除く方法を取ります。手術によって腫瘍を切除して、病理検査を行い、傷を縫いあわせ、傷痕が癒えるのを待つのです。もうひとつの方法は、子どもの免疫力を高めることによって腫瘍を消失させるものです。解決志向アプローチでは後者の考え方を採用し、子どもが自分で人生を立て直すことができるように、レジリエンスを高めようと試みるのです。

学校のフットボールチームの選手になれなかったなど小さな挫折から、家庭内暴力が横行する家で生活しているなど大きな挫折まで、その大小にかかわらず、挫折に対処（コーピング）するのが上手な子どもがいます。彼らのもつレジリエンスが、自らを起き上がらせて人生を続けていく助けとなっているのです。反対に、上手に対処できず、身動きが取れなくなって、人生は不平等であると考えてしまい、場合によってはうつになってしまったり、自傷行為をしてしまう子もいます。これら二通りの子どもたちの違いは、問題の深刻さとは関係ありません。逆境に直面したときに、それをよい結果へと導く能力の差なのです。私たちは、彼らがさらにレジリエンスを身につけるための手助けをすることが重要だと考えています。なぜなら、たとえ試験に不合格になろうとも、体が衰弱するような病気になろうとも、血のつながった家族

[訳註1] *Children's Workforce Development Council* ｜ 2005年設立、子どものサービスに関するスタッフをサポートする組織。

と離ればなれにされようとも、彼らは人生で直面することに対処し、試練に適応し、責任を身につけ、成長し続けていかなければならないからです。私たちは問題に時間を割きすぎることは避けます。なぜなら問題に時間をかけることは、私たちに子どもへの否定的な考えを植えつける影響がある否定的なアプローチだからです。子どもたちを否定的に考えることは、彼ら自身のレジリエンスを発達させる可能性のある強みやリソースを発見するうえでは役に立ちません。自分自身について否定的に考えている子どもや悲観的な子どもは、そうでない子どもよりも、より憂うつになりやすく、学校の成績も低く、身体的な健康状態も悪くなります (Selekman 2007)。

どのようにしてレジリエンスを構築するのかについて説明する前に、まずレジリエンスの特徴について少し見てみることにしましょう。

- **家族、友人、教師からサポートしてもらえるような関係**（ネットワーク）をもつことは、レジリエンスの重要な構成要素です。「人生における主要なレジリエンスの多くは、特に親子関係や友人との関係のような、親しい間柄から得られます」(Howe 2008, p.107)。レジリエンスは、ほとんどの場合、けなすことが少なくほめることの多い家庭で育まれるものですが、少し意外なことに、これらの基本的な部分が欠けている子どもでも、まわりのネットワークのなかで少なくともひとつの面においてサポートを受けることで、レジリエンスが発達します。保健省の「子どものニーズを査定するための手引き」(DoH 2000) のなかでギリガン (Gilligan 2002) は、たった一人でも献身的な大人が周囲にいて、あるいは学校でよい経験をひとつでもすることが子どものレジリエンスを育む源になると言っています。同様に、児童期には友達の存在がとても重要であり、友達関係は家庭で得ることのできない必要なサポートネットワークを子どもに与えてくれます。社会的に孤立した子どもでも、目に見えない友人からおおいに慰められたりサポートを得ることができます。これについては後でもう少し説明したいと思います。

- **新たな試練に立ち向かうための自信。**この自信は、どうやって過去の逆

★ 解決志向で子どもとかかわる

境を克服したか、以前体験した成功を子どもが思い出すことによって構築されます。したがって、「前はどうやって問題を解決したのか話してくれる？」とか「今までにしたことでいちばん大変だったのは何？」とか、そしてもちろん、「どうやってそうしましたか？」や「もう一度できますか？」と尋ねることが非常に重要です。

- **目的や将来の見通しをもつこと**。夢やゴール、達成したいという欲求や、やる気をもてれば、子どもは将来物事が改善することを信じることができます。このため解決志向の取り組みにおいてはゴール設定がとても重要であり、またゴールは当面の問題に直接関係したことに限定される必要はなく、広がりのあるゴールでも構いません。

- 人懐っこく、ユーモアのセンスをもった**社交的能力のある子ども**は、レジリエンスも有しています。なぜならそういった子どもたちは活動的で社会に適応しやすく、なおかつ協力的な友人をもっているからです。

- **問題解決のためのスキル**もレジリエンスの特徴です。子どもたちは問題についてよく考え、さまざまな解決を柔軟に、意欲的に試みることができるからです。

- **自主性**。レジリエンスをもった子どもは、自分自身のアイデンティティを認識し、まわりの環境をある程度コントロールできるという感覚をもっています。興味深いことに、「機能不全な家庭」にいる子どものなかには、心理的に自分を家族から引き離している子もおり、このレジリエンスは安全保護対策のひとつの要素となっています。同様によく知られていることとして、幼い頃に戦争による残虐行為や性的虐待などを受けたことで大きなトラウマを抱えている子どもは、それが起こったことすら忘れてしまったり、解離（体や記憶から遊離する）することによって自主性を保持しています (Bass, Davis 1988)。したがって、自主性はさまざまな形をとります。

- 閉じこもってしまうのではなくかかわり続けることのできる子どもは、あきらめることなく出来事に影響を及ぼし続ける傾向があるため、**物事に対する姿勢**も重要です。そのような子どもは、ストレスとは嘆くべき運命ではなく立ち向かうべき課題であることを学び取ります。この姿勢には、

自分のことを正しく見つめて、問題が自分のせいかどうかを見極めることができて、自分の行いを正すよう努め責任を果たすことができること、自分のせいではない問題に直面したときには、自分には価値があると自分を認める気持ちをもち続けることができることが含まれます。

🖉 ──── 演習

あなたは支援者としてどれくらいレジリエンスがあるでしょうか？ 以下のレジリエンススキル・リストを見て、質問に答えてみましょう。

❶ユーモアのセンスをもっている。ライビックとシャッテは、これは重要なスキルだが学ぶことはできないと言っています（Reivich, Shatte 2003）。しかしながら、そのほかのレジリエンス・スキルは学ぶことができます。

❷感情を認識する能力。自分が感じていることを明確にすることができて、必要なときにそれをコントロールできる能力。これは、解決志向の用語では、感じ方をコントロールできることではなく、そのような感情をもったときにどのような行動を取るかに責任をもつことだと表現されます。

❸衝動をコントロールする能力。曖昧さに耐える能力であり、決断を急がず、物事をじっくりと考えることができる。

❹現実と結びついた楽観性。これは単に、いつも「よい面」ばかりを見ていることではありません。そうではなく、不利な出来事を建設的な姿勢で考える、つまりそれを一時的な後退と捉える楽観的な解釈ができる。

❺問題をあらゆる観点から見つめる能力。

❻感情を読み理解する能力。これはソーシャルサポートを提供する社交的な能力です。レジリエンスのある大人は、たった一人で物事を運ぶ必要はなく、いつ、どこに助けを求めればよいのか知っています。

❼自己効力感。問題を解決する能力への自信、強みと弱みを知っていること、そして、先の項目で挙げたように物事への対処において人に頼れる

こと。これはスキルに基づいた対処の概念であって、自分の価値を判定するセルフ・エスティーム（自尊心／自負心）とは異なります。
❽ 手を伸ばすこと、適切なリスクを冒す用意ができていること。これもまたレジリエンスの特徴です。物事を試してみる意欲があり、失敗も人生の一部であると考えていることを意味します。

レジリエンスには以上すべてのスキルが必要というわけではありません。そこで、

- リストにあるもののなかから、自分が得意であると思うスキルをひとつ挙げてみてください。
- どうしたらそのスキルをより活用することができるか考えてみましょう。
- このスキルを今よりもっと使っていたとしたら、今とは違うどのようなことをしているでしょうか？
- ほかの人は、あなたがどう変わったと気づくでしょうか？

強みに関する会話

難しい状況にうまく対処する子どもは、問題を分析し、解決を定め、どのようにその解決を実行するか計画を立て、必要であれば計画を修正します。したがってそこでは、ハウ（Howe 2008）が言うように、彼らの知的・感情的・実用的な強みが使われます。そのためには自分がすでにもっているリソースで解決のために使えそうなものは何か、どのリソースをもう少し発展させる必要があるかを知っている必要があります。ですから私たちは、問題とは離れたところにあるその子の能力や、その能力を強化するためにはどうしたらよいかに強い関心をもっているのです。子どもの人生でうまくいっていること、そのために使っている強みやリソースについて話すと、子どもとの協働的な関係を築きやすくなります。子どもは自分の成功について話すのを喜びますが、そういう機会がそうそうあるわけではありません。問題を抱えた子

どもは自分が価値ある存在として扱われたり、自分のスキルや能力について細かく聞かれるとは思っていません。そこでスキルや能力の話をすることは、失敗によって打ちのめされている子どもたちにバランスを供給することになるのです。

　強みに関する会話は次の二つから成り立っています。第一に、子どものスキルや資質やリソースを発見すること。第二に、これらを注意深く構成されたコンプリメントによって承認・確認すること。解決志向の支援者が、「よくできましたね」「すばらしい」など直接的なコンプリメントをすることは稀です。このようなコンプリメントは「これからもその調子で」というメッセージになってしまう傾向があり、したがって子どもがどのようにして成功に達し、どのリソースが最も重要であったかという、会話の重要な部分を見逃してしまうことになります。子どもが問題に耐えるために活用できる資質をもっと知りたい場合、これらの重要な側面が必要不可欠です。また、直接的なコンプリメントは、あなたからほめられることを子どもが頼りにしてしまう欠点があります。支援者の目的は、子どもたちが自分のもつ強みと潜在能力（ポテンシャル）に気がつき、自分自身をコンプリメントできるように励ますことです。そしてもちろん、批判を受け入れることが苦手な子どもは、概してコンプリメントを受け入れることも苦手なため、それらのコンプリメントを受け流してしまいがちです。成功に導いた自分の行動もしくは自分にある部分に気がつくよりも、むしろ「ただ親切にしてくれているだけ」と受け取るのです。しかし、間接的なコンプリメントは子どもが自分自身をコンプリメントできるようになるまで使うことができます。

　解決志向に沿ったコンプリメントは、正の強化や自我の強化、単なる賞賛やポジティブシンキングと同じものではありません。コンプリメントは、子ども自身が見つけた自分のリソースを承認し、それを有意義に使うための手段にすぎません。一般に行われるコンプリメントでは、「どうやってそうしたのですか？」という質問に答えてもらい、そして「自分のそういう面を知っていましたか？」などのやり取りを行っていくなかで明確にしたリソースを繰り返

し述べます。そのため間接的なコンプリメントは、強みに関する会話に以下のように組み入れられます。

- 全部の科目の遅れを取り戻したんですね。どうやったのですか？
- あなたはただやっただけだと言うけれど、それ以上の何かがあったはずです。やり通すための原動力となったのは何でしょう？ 集中力でしょうか？ 決意ですか？ それともそれ以外の何かでしょうか？
- なるほど、気が散らないようにしていたんですね。これはあなたにとって新しい試みですね。
- 気が散ることがなくなれば、あなたは集中できて、たくさんの課題を終わらせられることを知っていましたか？
- 今はもう知っていますよね！ このことから、あなたが実はどういう人であるかがよくわかります。気が散らないようにするスキルを、あなたが抱える問題の別の部分でも活用できますか？

強みについての会話にはさまざまな種類があります。そのいくつかについて述べる前に、まず以下の演習を行って、あなた自身に対して強みについての会話を行ってみてください。

──── 演習

❶ 輝かしい瞬間 (SPARKLING MOMENTS)

これは BRIEF (http://www.brief.org.uk/) によって開発され、同時にナラティヴ・セラピー (www.dulwichcentre.com.au) の発想に基づいた演習です。

- 自分が最高の状態だったとき、あなたが「輝かしい」と感じたときについて考えてみてください。それについて手短に説明してください。
- その瞬間をとりわけ際立たせているものは何でしょうか？
- その瞬間のあなたについて覚えていることのなかで、最も嬉しいのは何

でしょうか？
- ほかに思い出してみて嬉しくなる点は何ですか？　ほかには？　ほかには？
- もし、こういった資質があなたの人生にさらに大きな影響を及ぼしているとしたら、まずそのことに気がつくのは誰でしょうか？
- 彼らはどんなことを目にするでしょう？
- そのことでどのような違いが生じますか？

❷ **終わりなき感謝の輪**（Ever Appreciating Circles）（Hackett 2005）

目的――――
- 日常的な場面で、どんなに些細な能力にも気づけるように
- 欠点に注目するよりも世界を眺める感謝の視点を身につけるために

人々がしてくれることであなたが感謝するもの、特にあなたのすぐ目の前に隠されているものを探してみましょう。それに気がついたら、言葉でもそうでなくても相手に知らせましょう。そして、それが広がり、感謝の輪としてあなたに返ってきたことを知らせるどんな些細な兆候にも目を向けるようにしてください。

質問――――
- あなたが家庭で感謝していることは何ですか？
- 同僚や友人のどのようなことに感謝していますか？
- 何も言わなくても、どんな方法でまわりの人たちはあなたに幸せな気持ちを与えてくれていますか？
- それはあなたにどのような影響をもたらしますか？
- 彼らに感謝していることを伝えたら、彼らの言動にどのような違いが生じることに気づきますか？
- 感謝の輪が広がってあなたに返ってくることに気がついたら、それはあなたにとってどんな違いを生みますか？

★ 解決志向で子どもとかかわる

強みに関する会話のはじめ方

　強みに関する会話をはじめる最もシンプルな方法は、プロブレムトークから慎重に転換を図って、強みに興味を示すことです。「問題についてたくさん話してくれましたね。でもどうやってそれを解決するかを見つけるには、今あなたにとって何がうまくいっているのかを知る必要があります。そうしたら、うまくいっていることを使って、今話してくれたうまくいっていないこと全部を修復することができます」などと言うことができるでしょう。もしくは、単に子どもに自分のよいところについて話してくれるよう頼むこともできるでしょう。子どもたちはこの質問に困惑した反応を見せて、ほとんどの場合、「わからない」と言います。もしくは、「よいところなんてない」と言います。そのときには、彼らがよいところを探す助けとなるように、引き続き以下のような質問をします。

- 友達は、あなたの長所は何だと言うでしょうか？
- お母さん／お父さん／おばあさんは、あなたの長所は何だと言うでしょうか？
- あなたの好きな先生は何だと言うでしょうか？
- もしペットのイヌ／ネコ／ネズミが話せるとしたら、あなたの長所は何だと言うでしょうか？
- あなたが得意なことは何ですか？
- 今までやったことでいちばん難しかったことは何ですか？
- ほかには？　ほかには？

　これらの質問は、その子がどのように成功できたかに興味をもっていることを示しながら質問します。そして、たとえどれだけ些細で重要でないように見えたとしても、彼らが使ったスキルや資質、リソースなどを明らかにしていきます。子どもたちは、はじめのうちは少し居心地の悪い思いをするため、この会話には時間を割き、徹底して行うことが重要です。自分自身をコ

❺ 子どものもつ強みを見つける

ンプリメントする能力を身につけるまでは、彼らの強みを探し出すのはあなたの仕事です。以下の引用でも明らかなように、これには忍耐が必要とされます。

✂──────ケース例

　アビーは15歳です。彼女にはキアという名前の赤ちゃんがいますが、アビーには世話ができないので、キアは父方の祖父母のところで生活しています。アビーは自分自身のことをよく思っていません。とりわけ、ほめ言葉を受けとめたり、人の目を見たり、友人に助けやサポートを求めたりすることができません。アビーはライフスタイルについてアドバイスや批判をたくさん受けています。それらはもっともなことではありますが、役には立ちませんでした。そこで、問題の解決方法を見つけるために、彼女の強みのリストを作ろうと、ジュディスがアビーに自分のよいところは何か話してくれるよう頼んだところです。

アビー｜わかりません。あるとも思いません。

ジュディス｜あなたはいつも、身だしなみにとても気をつけていますね。家に帰らないときでも、きちんとするようにしているんですか？

アビー｜はい、そうです。格好悪く見えるのが嫌で。

ジュディス｜あなたのよいところについて、もう二つ発見したわね。［アビーは困惑しているように見える］あなたは自分自身に誇りをもっているし、家に帰らないときもきちんとしている能力があります。そうするには事前に計画しておく必要があるでしょうから、あなたは計画を立てるのも上手なんですね。ほかにはどんなよいところがありますか？［ここでは、どのようにアビーが計画を立ててきちんとできているかに興味をもって質問すれば有用だったでしょう］

アビー｜えーと、明るく振る舞っているときには、いっしょにいるのが楽しい人だと言われます。でも友達は［彼女のそのときの様子に］気をつかって、「少し悲しそうだね。大丈夫？」と聞いてきます。それで私は「大丈夫」と言うんです。

ジュディス｜でも大丈夫じゃないのね？

アビー｜はい。でも友達を煩わせたくなくて。

[会話はどのように助けを求めるかという内容に変わりました。その後アビーが幼い娘について話しているとき、ジュディスは強みに関する会話をもつ機会を再び得ます]

ジュディス｜キアが目の前にいなくても、キアのことがあなたの頭を占めているのね。では、あなたは愛情深いお母さんなのね？（アビーは疑わしそうにしている）あなたは、キアの安全を守るために祖父母のところに預けたんですよね。それは愛情のある行為よね。

アビー｜そうしたくはなかったけれど、しなければならなかったんです。

ジュディス｜キアのためにタバコの量も減らしたのよね。それは思いやりと決断力があることも示しています。あなたの友人は、あなたの良いところはどこだと言うでしょう？

アビー｜いっしょにいて、おもしろくて明るくて陽気だと。

ジュディス｜先生たちは何と言うでしょう？

アビー｜嫌な子だという人もいるでしょうが、授業をよく頑張ったと言ってくれる先生もいるでしょう。

ジュディス｜先生たちはどんなよいところを見つけたかしら？　集中力？　決断力？　それ以外のこと？

アビー｜決断力が結構あるって。

ジュディス｜そうですね。では、あなたのお父さんは何と言うでしょう？

[たくさんの強みを見つけたい気持ちが強かったため、ジュディスはアビーがどのように決断するのかについて、詳しく質問しませんでした]

アビー｜おもしろい子だと言うでしょう。時間を守るし、料理なんかもするって。

ジュディス｜思いやりがあることがまた出てきたわね。おばあさんは何と言うでしょう？

アビー｜わかりません。

ジュディス｜彼女に尋ねてみなければならないわね。おじいさんは何と言う

かわかりますか？

アビー｜お父さんと同じこと。元気に遊びまわって、おじいちゃんとよく笑い合ったり。好きな曲に合わせて踊ったり。食べるものを作ったり、ただくつろいだり。

ジュディス｜では、あなたはいっしょにいるのが楽な人なのね。あなたの学習指導員は何と言うでしょう？

アビー｜だいたい同じ。

ジュディス｜ではあなたの後見人は？

アビー｜あまり会わないからよくわかりません。

ジュディス｜お祭りで金魚が当たったけれど、今より大きな水槽を買う暇がないとしましょう。金魚はアーチ型の置物の下とか、たったひとつしかない水草の隙間とか、金魚鉢のなかをぐるぐる泳ぐのに飽きてしまいました。退屈しのぎに、金魚はあなたのことを観察することにしました。ほかの誰も気がつかないけれど、その金魚があなたのことで気づいたことは何でしょう？

アビー｜わかりません。〔一生懸命考えて〕何も思いつきません。

ジュディス｜では、あなたは自分の気持ちを、金魚にすら隠すことができるんですね。もしあなたが感情を表に出しはじめたら、感情を隠すスキルをどう最善の方法で使うか考える必要がありますね〔このことは会話の初めの部分と関係しています〕。それから、ほかに得意なことは何でしょうか？

アビー｜水泳です。

ジュディス｜どうやって水泳が上手になったんですか？　とにかくやってみたの？

アビー｜はじめて飛び込んだときは恐かったけど、でも楽しかったから続けました。

ジュディス｜はじめて飛び込んだときはどうやったの？

アビー｜友達がやっているのを見て、深さを確かめるためにまず端っこの深いところへ歩いて行って、どのくらい深いか確かめました。それから、とにかくやってみたんです。

★ 解決志向で子どもとかかわる

ジュディス｜では、あなたは思い切ってやるだけの勇気があるけれど、まずリスクを見抜く賢明さももち合わせているのね。私には、あなたは状況を分析して危険から身を守ることができるように見えるわ。ほかに何か得意なことはありますか？

アビー｜テニス。

ジュディス｜活動的で他人と調和が取れることもリストに載せましょうね。もう、少なくとも10個はよいところを見つけたと思うわ。〔端に11から20の番号が振ってある紙をアビーに渡して〕これは宿題です。ほかにもう10個よいところを見つけてください。あなたの人生を軌道に戻すためのプランに、それらを使うことができるでしょう。

　ジュディスとアビーは、彼女の進歩の具合を気にしている学習指導員との次の予約を取りました。アビーはよいところに関する宿題について学習指導員に話して紙を見せると、学習指導員はすぐに自分が考えるアビーのよいところについて伝えました。その多くは彼女の陽気さについてですが、人々が彼女を突き放すことのできない、愛らしい資質をアビーがもっていることもつけ加えました。アビーはそれら全てを書き込み、部屋を出るときに、「今夜これをやる。楽しみ」と言いました。

　強みを明確にし、認め、確かにする手順に他人の意見を取り入れると、子どもが自分自身をどう認識するかに大いに役に立ちます。ナラティヴ・セラピーのテクニックに、ある若者が「そうありたい自分」を反映させた行動をしたときの特定をその若者とつながりのある人にお願いする際に、創造的な聴衆を利用するというものがあります。この方法を家族あるいは専門家に使うときは、うまくいっていないことを押しつけあう裁きの会にならないようにすることが重要で、そのための下準備を行う必要があるでしょう。以下に示すのは、ジャッキーがボランティアの若者支援者[訳註2]に宛てて送った手紙の例で

[訳註2] 英国児童法に定められた児童保護にかかわる地域のボランティア。Independent Visitors (Children) Regulations 1991 (http://www.legislation.gov.uk/uksi/1991/892/regulation/2/made)

134

❺ 子どものもつ強みを見つける

す。当時ジャッキーが担当していた若者は、所有者の許可なく車を持ち出して、自分の住んでいる地区にある減速バンプ上でレースをして、その後車に火をつけたために施設入所となっていました。

　サイモン様
　ご存じのように、私は数か月にわたって、トムが窃盗の問題をコントロールできるようにサポートしてきました。その間、トムに関してすばらしい瞬間や興味深い意見を耳にしたり、実際に目にしたりしました。特に、いくつかの場面では、トムがもち合わせている強みと評価できるところ（責任感、敬意、思いやり、賢明さなど）を見聞きしました。彼のもつ強みについて、もしあなたがほかにもご存知でしたら、是非お聞かせ願えませんでしょうか。つきましては、以下の質問についてご一考いただければ幸いです。

- これらの資質を連想させるような、どのような話を思いつきますか？
- ほかにはどのような強みや評価できるところや資質にこれまで気がつきましたか？
- 気がついたのはどれくらい前のことですか？
- このことから、トムについてどんなことがわかりますか？

あなたのご意見を楽しみにお待ちしております。

　子どもは、あなたとの会話のあらゆる点から、自分の強みに気づかされるかもしれません。週末に何をしていたか聞いて、子どもが返事をし、それにあなたが言葉をかけるといった単純な会話にも、そのチャンスはあります。例えば、子どもがキャンプ旅行に行ったときのことを話すことも、強みとリソースについて多くの新しい質問をする機会を与えてくれます。テントを張るのを手伝ったか？　以前にもやったことがあるのか、それともはじめてか？　テントを張るためにほかの人とどんなふうに協力したか？　子どもに身体的な障がいがある場合にはチームワークについての質問は少なめにして、順応

★ 解決志向で子どもとかかわる

性に関する質問を増やすとよいでしょう。前にもテントで眠ったことがあるか？　自分のベッドではなくキャンプ用のベッドで寝るのはどんな感じだったか？　どのように対処したか？　輝かしい瞬間、「やったぞ！」という瞬間を体験すればするほど、子どもたちは難しい状況に直面したときの自分自身の能力に自信をもてるようになり、さらにレジリエンスを備えることになります。前にも述べたように、このような会話は失敗に打ちのめされた子どもにバランスを与えます。しかし、子どもたちのなかには長いあいだ否定的な考えにとらわれてきた子もいるので、その子の能力を強調する前に足りないところについて話をする必要があるかもしれません。

足りないものを強みにする

　診断が子どもにとって役に立つのは、その診断から解決が明らかになるときだけです。例えば、その子はホルモンの欠乏のために成長に支障をきたしている、といった場合です。多くの場合、診断は子どもよりも大人にとってより助けとなります。診断は子どもの状態や行動に説明を与えてくれて、必要な援助――たとえば障がい者生活支援手当などが明確になるからです。明確な解決がない、もしくはありうる解決がいくつもある場合には、診断は子どもにとって害となることがあります。診断が子どもの重荷となり、そのせいで頑張ることをやめて、子どもが自分自身を信じなくなってしまう場合には、診断を逆にしてみるのがよいかもしれません。例えば、フィンランドの精神科チームであるファーマンとアホラ (Furman, Ahola 1992) は、うつ病で抑うつ状態の人のもうひとつの診断として、「喜び潜在症 (latent joy)」という診断を創り出しました。このような方法で子どもと話すと、子どもと大人の両方が子どもの隠れた強みを見つけるのに役立ちます。例えば、子どもが「僕は馬鹿だから」と言ったら、もっと勉強が必要なだけで馬鹿ではないと安心させる代わりに、「本当に馬鹿なの？」「どれほど馬鹿なの？」と聞いてみるといいでしょう。子どもは、本当は馬鹿じゃないとか、ほんの少しだけと答えることになります。そこで、あなたは子どもと大人の間の認識の差に好奇心を示してこう

❺ 子どものもつ強みを見つける

言います。「あなたが馬鹿でないとすると、あなたが賢く振る舞っているときにどうして誰も気がつかなかったんだろう?」それから、「表に出ていない利口さ」によってどう苦しむことになったか、利口であることを秘密にするために必要などんなスキルをもっているのか、そしてどうやってそれらのスキルを解決のために使うことができるか……といった魅力的な会話を子どもたちともつことができます。

 演習

この演習はシャーリー (Sharry 2001, pp.19-20) 原案のものを改変したものです。

以下は教育福祉サービスへの紹介内容だと考えてください。一見否定的に見えますが、どのような強みを見つけることができますか?

両親が離婚して、母親のローラが住宅ローンの支払いのために看護師の仕事に戻らなければならなくなり、ジャックは12か月にわたって保育所に終日預けられました。ジャックは今、ほかの子の安全のために保育所から追い出されそうになっています。ジャックの行動は、イライラするとほかの子を押したり突いたりするものから、ほかの子からおもちゃを取り上げて、叩いたり蹴ったりするものへとエスカレートしました。ジャックと同じクラスの4歳の女の子の母親は、彼にプラスチックのおもちゃで叩かれて女の子が腕にあざを作って帰ってきたのを見て、正式に苦情を申し立てました。

ローラはジャックの行動について話し合うために、保育所での面談に何度も足を運びました。ローラはジャックが飽きっぽい性格であることは認める一方で、ジャックが家では問題行動を起こしたりしないと否定しました。ローラは仕事を続けるために、どうしてもジャックを保育所に預かってもらいたいと切望していました。

この情報から見つけることのできる強みを挙げてみましょう(難しければ、章の終わりを見てみてください。そこにヒントを見つけたら、自分の考えを書き加えてください)。これ

137

らのリソースを深め、可能な解決を明らかにするために、どんな質問ができますか？

「変てこ障がい児」

これはデイヴィッド・エプストン (Epston 1998) が、エミリーという名前の10歳の女の子との会話のなかで創り出した用語です。エミリーはエプストンに、想像上の家族がどのように自分を助けてくれるかを話しました。この想像上の家族が、エミリーが寂しいときや、家や学校で困ったときに助けてくれたこと、宿題がうまくできないときに手伝ってくれたこと、想像上の家族が嫌がるので、指しゃぶりや泣き虫の癖をやめられたことなどがわかりました。また、学校でからかわれてもそれを乗り越える助けとなり、それによってエミリーは積極的になり、物事をそれほど恐がらなくなりました。この家族はエミリーの想像のなかだけの存在ですが、エミリーに家族のかかわりを与えてくれて、レジリエンスを高めてくれたのです。想像上の友人はいつもこれほど温和であるとは限りません。問題行動の見られるある11歳の白人の男の子は、ジュディスに（ニューヨークの）ハーレムにいる自分の黒人の家族のことを話しました。その男の子は、ギャングの行動についてこと細かに話しました。特に、その家族が所有している銃の数と種類、そして彼が困っているときに彼らがどうやって助けてくれたかについて話しました。彼が実の家族から愛されず寂しい思いをしており、自分の住んでいる施設でもあまり好かれてはいなかったときに、この想像上の家族は彼にとってきわめて重要なソーシャルサポートの拠り所となっていたのです。そして、男の子に（想像上の）家族は彼のどのようなところが好きなのか、といった質問をすることで、彼がもつ強みとリソースを見つけることができました。たとえ想像上のものであっても、その家族や友達に関して現実に根を下ろした会話をもつことができます。例えば、デイヴィッドはエミリーに次のように質問をしました。「あなたを煩わせていたことの話は別として、想像上の家族は、彼らを知る前と比べてあなたの人生が良くなるようなことを何かしましたか？」(Freeman, et al. *"Playful Approaches*

❺ 子どものもつ強みを見つける

to Serious Problems" 1997, p.179-182)

　表面上うまく順応できていないように見える子どもの多くが、実は特別なスキルをもっているという考え方は、デイヴィッドの「想像上の友達をもつのはまず誰か？」という質問へのエミリーの答えから始まっています。彼女は、それは「いちばん寂しい、変てこ障がい児[訳註3]」だと答えました。そのような子どもはとても「できる子」なので、ほかの子どもたちや大人は彼らの能力をとても奇妙で変てこだと思うのです。彼らは、からかわれたり、いじめられたり、誤解を受けたりしているかもしれないので、変てこな子どもに特別な能力は何か尋ねることは重要です。例えば、ボリスの家族にとって、彼がむしゃくしゃしたり怒ったりしたときに見せる行動は破壊的で有害でした。ボリスのそういう行動は独創的なので、とりわけうっとうしいものでした。多くの子どもがするような、音をたてて自分の部屋を滅茶苦茶にしたり、上の階で足をどすんどすんさせたり、叫んだり、物を投げたりといった行為では、ボリスは満足しませんでした。彼は破壊行為に独自の工夫を凝らしました。パンを隠したり、そのうえに紅茶を注いだり、電球をはずしたりしたのです。明らかにボリスは「変てこ障がい」です。彼の家族がこのことに気がつき、その「できる」能力をより建設的に使う手助けをするまでには時間がかかりました。今、ボリスが自分の能力を使う方法のひとつはマーチングバンドでチューバを吹くことです。ほかにも、彼を問題に引き込もうとする子どもをからかったり、私たちを茶化すこともしてくれます。この本のなかで紹介するとき彼をどう呼ぶべきかと尋ねると、彼はボリス・ジョンソン（英国の政治家）という名前にしてほしいと言い張りました。

　子どもの特別な能力は直観の領域にあり、想像力と裏ワザの、あるいは音楽などの特定の才能の世界のなかに存在しています。そのため子どもといっしょに想像の世界へ入ることによって、これらの能力を探すことが重要です。私たちは子どもに、どのような特別な秘密の能力をもっているのか尋ねます。

[訳註3] 原書では「weirdly abled」（へんてこなことができる人）。障害者「disabled」（できない人）を婉曲的に表現した「differently abled」（できることが違う人）をもじった造語と思われる。

139

★ 解決志向で子どもとかかわる

多くの子どもたちにとって、それは自分の感情を秘密にする能力であり、それほど悲しくないときに悲しそうにしたり、逆に悲しくなさそうにしたりする能力なのです。特別な能力にアクセスするための別の方法は、お気に入りの本や映画やテレビ番組では、あなたはどのキャラクターか尋ねることです。特別な能力をもったキャラクターがたくさんいる『ハリー・ポッター』シリーズは、この場合非常に優れたリソースです。順応できない子どもに、学校や家庭に順応しないために、どのようなユニークな資質が役に立ったのか尋ねるのもいいでしょう。不思議な能力を探すのに役立つ質問は次のようなものです。

- 大人の視点でしかものを見ることができない大人を退屈だと思いますか？
- いくつもの方法でものを見ることができますか？
- 人生のなかで、あることに関しては自分は誰よりもよくわかっていると思うことがありますか？
- そんな空想はやめるように大人（もしくは友人）に言われたことがありますか？　想像力を秘密にしたことがありますか？　それは自分だけの秘密ですか？
- あなたの秘密の世界に私も入れてもらえますか？
- 何かするときに魔法を使う（ように想像してする）ことがありますか？　もしそのことについて人に話したら、その魔法（の想像）はからかわれると思いますか？
- あなたの内面まで見ることができて、あなたが変てこ障がい児（特別な能力をもっている）だとわかった人は、あなたのことを変てこと思うでしょうか？
- 大人も昔は子どもで、それぞれ独自のすばらしい想像力をもっていたなんて、信じられないですか？　(Freeman p.186)

反抗的な子ども

　反抗的な子どもは、ほめられても特に気にしません。実際のところ、反抗的な子どもに、○○してくれてうれしいなどと伝えれば、わざと逆のことをして、あなたを煩わせる新たな方法を与えたにすぎなくなります。同様に、彼らの自尊心は高いことが多いので、あなたが間接的なコンプリメントをしても聞き流してしまいがちです。なので代わりに、「気がついた」という表現でコンプリメントします。例えば、(関心はないけれど……といった態度で)「あなたが妹に優しくしていることに気がつきました」と言ってみてください。そして別のことに「気がつく」機会があるまでしまっておくのです。レヴィとオハンロンは、『やってやるもんか！　その気にさせてよ！ (Try and Make Me!)』(Levy and O' Hanlon) という本のなかで、反抗的な子どもによくやっていると気づかせるためには、言ってしまった否定的なことひとつに対して10の肯定的な言葉を伝えるよう奨励しています。

✎──── 演習

　今、かかわり方が非常に難しいと感じている子どもを思い浮かべてください。次にその子の長所を三つあげてください。それらの長所に気がつくと、その子に働きかけるうえでどんな変化がありますか？　その子は、自分がそのような長所をもっていると知っていますか？　それらの長所を明らかにするために、どのような質問をその子にすることができるでしょうか？

大人のレジリエンス

　子どもとかかわる支援者に立ちはだかる課題は、必ずしも子どもたちであるとは限りません。絶え間なく起こる組織の変化や変革、緊迫する職員の削減、強まる行政指導、ストレスの多い会議。どんなに熱心な職員であっても、これらは大きな負担となります。そこで、あなたもレジリエンスをもち続けるために、自分の強みとリソースに注意を払う必要があります。そのプロセスを始める手助けとなる演習でこの章を終わりにします。

★ 解決志向で子どもとかかわる

──演習

- あなたの分野の専門家で、あなたがよい仕事をしていると思う人がしていることのリストを作ってください。
- それをあなたもしますか？ まったくしない？ ときどき？ たいてい？ いつも？
- そのなかで、あなたもたまにすることを考えてください。
- それをするのはいつですか？
- それをするとき、何が起こっていますか？
- 最後にしたのはいつですか？
- 明日、ほぼ一日中そうしているようにするために、どうやってそうする時間を増やしますか？

キーポイント

- 本章とこれまでの章で明確になっているように、解決志向の実践の基本的なテーマは、人それぞれの強みを明確にすることです。これらの強みは、子どもたちが経験している困難に取り組んだり、働きかけたりするのに利用することができます。

- 同じ問題であっても、立ち向かい方は子どもによってさまざまであることがわかっています。同様に、同じような問題や困難を経験しても、そこから影響を受ける度合いは子どもによって違います。このような場合には、強みについて話すことが若者のレジリエンスを構築する助けとなります。

- 強みを明確にするときには、単にそれを肯定するだけではなく、達成のために子どもや若者がどのようにしてこれらの強みを利用してきたかについて、広い意味で理解していくことが重要です。単に肯定するだけでは、子どもに力を与える瞬間となるかもしれない大切な会話を逃してしまうことになります。

- 強みについて話をするときには、表面的にはありきたりで特別ではないこと／行動に見えても、偏見を捨てて興味をもつことが必須です。心から関心をもって接すれば、そこに現れた強みだけではなく、子どもの評価できるところや資質に対する理解への洞察が深まります。

★ 解決志向で子どもとかかわる

ジャックとローラの演習で、強みやリソースとなりうるもの

- 飽きっぽいジャックには、ほかのことに利用できるエネルギーがたくさんあるのではないか？
- 保育所に行き始めたときはジャックの行動は問題なかった。そうするとその頃、ジャックはどんなソーシャル・スキルを示していたのだろうか？
- ローラは毎日ジャックを保育所に送り届けてから仕事に行く。とすると彼女には物事を順序よく行うスキルがあるに違いない。
- ローラは子どもを気遣う思いやりのある母親でもある。保育所での話し合いに参加するために仕事を早退したり、父親は家を去ったけれどもジャックが家を失わないように、努力を惜しまなかった。そのような強みは、ローラがどんな人である証拠だろうか？
- 少なくとももうあと五つ、強みを見いだして書き足してみましょう。

⑥ ゴール、進み具合、安全のスケーリング

　解決志向アプローチの最も実践的で創造的な要素のひとつは、スケーリングクエスチョンのテクニックです。スケーリングクエスチョンを使うことで、子どもたちは問題やゴールに対して、その時点で自分がどの位置にいるかを認識することができます。この質問は、どうやってそのポイントに達したのかを理解し、この先1時間後、1日後、1週間後に達成可能で現実的なゴールを設定して、そのゴールの実現の度合いを計っていきます。この章では、将来への希望を探り進捗状況を話し合うための面接で、どのようにスケーリングクエスチョンを使うのか説明します。また、子どもたちの幸福で健康な状態が脅かされるような深刻な問題があるときに、安全性を評価するためにどのようにスケーリングクエスチョンを使うのかも考えていきます。ケース例や演習では、この技法がさまざまな状況においてどのように応用できるかを明らかにしていきます。

関係づくり

　スケーリングクエスチョンの魅力はその汎用性にあります。この質問はどんな場面でも使えます。この質問を使うと、子どもと問題を切り離して問題に焦点をあてることができ、気まずさや恥ずかしさを減らして、会話のなかにユーモアを潜り込ませることもできるので、結果として治療的な関係を築くのに役立ちます。すべての人にうまくいくスケーリングセットはありません——大切なことは、子ども一人ひとりに合ったスケールを作ることです。つまり子どもたちが、自分で設定した数、形、キャラクターで、自分がどの位置なのか探ることができるようになることです。さらに、自分をスケールの

★ 解決志向で子どもとかかわる

どこに置くかは人によって違うことに留意しておくことが必要です。「4になるためには○○ができなくてはならない」といった一連の指標や決められた課題というものはありません。例えば、具合の悪い子どもに痛みの深刻度を1から10 (1が痛みがない、10が最悪の痛み) で評価してもらって、答えが9のとき、5と答えた子どもより痛みがひどい状態 (9の子どもにはさらに鎮痛治療が必要と推測する) とは限りません。高い数をつけた子どもの痛みは中程度でも慢性的な痛みになっていて、以前より悪影響を与えていることを意味していて、低い数をつけた子どもは激しい痛みがあるものの、一過性の痛みなので我慢できると思っている、ということかもしれません。「それぞれの子どもの状態」に関連づけた痛みのスケールを考えるようにすると、つけられた数がさらに意味をもってくるでしょう。また、問題が深刻なときをスケールの下に、問題が解決に向かっているときをスケールの上に設定してスケーリングをすると使いやすいことがわかっています。子どもはスケールで10に上がっていくほうが1に下がっていくよりも好きだからです。ですから、解決志向に基づくスケーリングクエスチョンは、例えば次のようなものになります。「1が思いつくかぎり最悪に痛い状態で、10がとても上手に痛みに対処できている状態としたら、今日はいくつですか？」このような表現で質問すると、次にこんな質問を続けることができます。「このスケールで6のときは何が違っていますか？」

　典型的なスケーリングクエスチョンは1から10で、1が起こり得る最悪のとき、10が最高のときですが、10代の若者は1から100やそれ以上のスケールが好きなようです。彼らは私たちが設定した範囲を超えてスケールを広げることがあります。例えばマイナス50 (最悪の人生) とか、3億兆 (最高の人生) などです。また、子どもが問題の大きさを言葉以外で表現できるように、小さな形からだんだん大きな形となるものや、大きな形から小さな形となるものを使ってスケーリングすることも可能です。あるいはスケーリングの両端を絵やキャラクターにすることもできます。自分の怒りにもっとうまく対処するための支援を求めている若者への対応では、ジャッキーはよく子どもたちが好きな「連ドラ」の登場人物を使います。例えば、テレビドラマ「イースト

エンダーズ」[訳註1]の登場人物で、最も穏やかで優しいのは誰か尋ねます。よくある答えは「ドット・コットン」で、その反対のキャラはと尋ねると「フィル・ミッチェル」という答えがよく返ってきます。ジャッキーは、ドットとフィルの間であなたは今どのあたりか、どうやってそこまで達したのか、どこまで行きたいか、そこへどうやってたどり着くかを聞きます。また床に大きなスケールを置いて使うこともあります。子どもたちは実際に数字の上に立ったりジャンプしたりして表現することができます。これは子どもたちのグループとかかわるときにとても有効です。ただし、子どもたちが同じ数を答えても混み合わないように、それぞれの数の間に余裕がもてる十分な大きさの部屋が必要です。同じ理由から、椅子を使ってスケーリングするのは避けた方がいいでしょう。

　あなたは水泳で特定の距離のレースに参加する若者をトレーニングするコーチだとしましょう。若者には、「私が水泳成功度スケールをもっているとして、このレースへの準備ができているというにはほど遠い状態を1、準備万全の状態が10だとしたら、あなたは今いくつですか？」と質問することができます。若者が数を答えたら、その数になるまでの遍歴や状況について質問します。若者は「今は6です。その距離では2回も規定時間内に泳げたし、○○種目は以前よりも確実で滑らかになって、自信がついたから」と言うかもしれません。また、彼らに現在の数にどれくらい満足しているか尋ねるのも役に立つでしょう。例えば、このトレーニングは実はひどい風邪から回復した直後のものだったとしたら、そのような特別な状況下で、今できる限りの数を出し切れている可能性もあるからです。

　スケーリングの次の段階は、どんな次の一歩が自分にとって役に立つかを若者自身が考えることです。スケールの数字が上がるように、次の一歩は自分で責任をもってすることでも、ほかの誰かが支援してくれることでも構いません。通常は小さな一歩の検討をします。大きな変化が必要だとか、進歩

[訳註1] *East Enders* ｜ 1985年から現在まで続くBBCの長寿連続テレビドラマ。

は必ず着実なものでなくてはならないといった前提はありません。大きな一歩を積み重ねて巨大な進歩を遂げる子もいるでしょうが、しばらくはスケールの同じ数のところで、すでにうまくいっていることを続ける必要がある子もいるでしょう。そういった子は、しばらく安定した状態を続けることができたら、前に進むことに目が向くのです。大事なことは、子どもたちが自分にとって最善だと考える方法によって進めていくことです。「進み方についてはその子自身が専門家」という立場に子どもを据えて、その子に興味津々の姿勢で臨めば、自信や責任感、当事者意識や自律性が高まっていきます。

水泳の例に戻ると、目標達成のために、スケールで1進んだら、ほかにどんなことが起きているでしょう？ との質問に、若者は練習時間がもっと増えているとか、これまでの日課に加えてウェイトトレーニングをしているとか、健康的な食事を心がけているとか、ただもっと努力しているとか……と答えるでしょう。最終的には、若者が自分にとってうまくいくと信じるものを決めます。ですから、同じような状況下の子どもを相手にしていても、それぞれが思いつくアイデアや提案はまったく別のものになり、結果的にその子特有のものになっていきます。

演習

みなさんが取り組んでいる計画について考えてみてください（例えば、庭の手入れ、ダイエット、講座の修了）。そして次のような質問を自分に投げかけてみてください。

- 1がまだ計画を始めてもいない状態、10がその計画を十分満足できるほどにやり遂げた状態だとしたら、今はいくつですか？
- その数に、1から10のスケールであなたはどれくらい満足していますか？
- 最初のスケールで1進んだら、どんな違う行動を取っていますか？
- （パートナー、同僚、友人）は、このスケールであなたがいくつだと言うでしょうか？

- あなたがこのスケールでさらに進んだら、その人はあなたのどんな違った行動に気がつくでしょうか？　ほかには？
- その数になるためにあなたはどんなことをしましたか？　ほかには？
- そのことは、この計画をやりとげるために必要なリソースやスキルをあなたがもっていることを示していますか？
- その計画の達成のため努力するにあたって、まだ使っていない、どんなリソースやスキルをあなたはもっていますか？
- その計画を達成するのに、手に入れる必要のあるリソースは何かありますか？
- ゴールの達成のために、あなたができる最初の小さな一歩はどんなものですか？

または……

同僚たちのグループといっしょに、みなさんが最近取り組んでいて、もっと上手になりたいと思っている趣味やスポーツのことを考えてみてください。床に1から10のスケールを設定して、1は想像できる限りでいつも最悪の状態、10は自分の最高の成果をいつも出している状態とします。メンバーそれぞれが今スケールのどの位置にあるかその場所に立って、近くの人と次のようなことを話し合ってください。

- どのようにしてその位置に達しましたか？
- 10はどんなふうに表現できますか？
- あなたはスケールでいくつになりたいですか？
- その位置に達するには何をする必要がありますか？
- どんな支援が必要ですか？
- あなたを支援してくれるのに最もふさわしい人は誰ですか？
- ゴールに達するのに妥当な時間はどれくらいですか？

大きなプロジェクトには時間が必要です。継続的な小さな達成に満足できることを忘れないでください。

子どもの希望や願いを見つけるためのスケーリングクエスチョン

子どもにかかわる人たちがそうありたいと願っているように、もし私たちが子どもたちに大きな希望を抱いているなら、彼らの願望がどんなものであるかを理解してその達成を支援する必要があります。しかし、日々の暮らしがとても厳しい状況で、長期的な願望をもっていない子どもたちもいます。ですから、それは一直線に進むというわけではありません。親の離婚手続きに巻き込まれている子どもは、自分たちに苦悩を隠すことができない親をさらに混乱させてはいけないと、自分の願いを話すことをためらうこともあるでしょう。また「問題」が構築されてきた過程において願望の成長が止まってしまっている子どももいます。子どもが自分の抱える問題を伝えてくるとき、それが、これまでまわりからあなたはこうだと規定されてきたものであったり、紹介元が自分たちの機関にとって都合がよさそうだと決めた問題、つまり治療の範囲内で認められる問題であったりすることがよくあります。次のケースには、若者が自らの問題を他者の視点をもとに見直し、願望を特定して自ら解決をもたらす自信を高め、幸せな人生へと転換を図るのに役立つように、どのようにスケーリングを使えるかが例示されています。

────ケース例

ジャッキーは当初、（紹介元の情報から）スチュワートが「怒りの感情をうまくコントロールする」支援を求めていると考えて対応していました。しかし彼にこの面接のゴールは何かと尋ねると、彼の実際の願いは部屋の賃貸契約を続けることに集約されました。騒音のために部屋を追い出されそうになっていて、騒音をめぐって近所の住人と口論になると、非常に汚い言葉を浴びせてしまうこともあるとのことでした。そこでスチュワートに、ゴールを達成する自信についてスケーリングクエスチョンをしました。「1は部屋を借り続け

る能力への自信がまったくない状態、10は能力への自信が十分ある状態としたら、今はこのスケールでいくつですか？」

スチュワートは、これまで部屋を借り続けてきた月数と、支援者から彼はなんとか予算をやりくりして請求書をきちんと管理していると言われたことを踏まえると、4だと答えました。ジャッキーは彼にゴールに向けて今の数はいくつか、特にそのゴールに達する自信はいくつか尋ねると、彼は何がうまくいっているか、（彼のゴールに関連して）うまくやれたことは何かに気づいて、穏やかに自分の状況を理解して、話し始める機会を得ることができました。

ジャッキーが「自分の能力に対する信頼がスケールで5に上がるには、どんな違いが必要ですか？／何が起きる必要がありますか？」と尋ねると、スチュワートは、「部屋を借り続けるというゴールにさらに近づくためには、友人が毎回泊まっていくのをやめさせる必要がある」と答えました。これは単に賃貸契約に反しているだけでなく、友人が来ると大音量で音楽を流し、それが近所迷惑にもなっているからでした。彼は、もし自信が高まれば友人に「NO」と言える態勢がもっとできて、そして部屋を借り続ける可能性もきっと高まるだろうと結論づけました。

この気づきは、満足できる自信のレベルで「NO」と言えたときのことについての会話につながりました。ジャッキーは彼に、そのときは何が違っていて、どうやって心の準備をしたのか尋ねました。これにより、彼はこの問題に取り組む必要があるときのプロセスを認識し、計画し、リハーサルを行う機会を得ました。これは一晩でやり遂げられるものではありません。「NO」と言えるように気持ちの準備をする必要があります。しかし彼と家主との関係は非常に悪くなっていたため、これはすぐにも対処しなければならない問題でした。したがって彼は、この友人を避けて友人がドアを叩いても返事をしないことに決めました。また彼はジャッキーとの面接とは別に、自分で部屋の賃借人を支援する支援者に、もしばったり友人に出会ったら、なぜもう友人を泊めることができないのか、その理由を説明する助けとなる手紙を書いてほしいとお願いしました。

★ 解決志向で子どもとかかわる

　ジャッキーはさらに、スチュワートと互いを尊重する友情についての話をしました。というのも、彼が友達を失ってしまうリスクを冒していて、初めて一人暮らしをした若者は孤独の犠牲者になりやすく、不適切な友人関係に陥ることがあるからです。若者と友情について話すには、卓越した機転が求められますが、例えば次のように、質問可能なことはたくさんあります。

- 友達から得られるもので、最も大事なものは何ですか？
- あなたの友達全員にそれを期待できますか？
- いちばんあなたの助けとなる友達は誰ですか？
- いろんな種類の友達がいますか？
- 友達全員と、同じような関係を築くことはできますか？
- 友達のなかで、あなたの友達というより問題と友達な人、問題を起こす人はいますか？
- 友情のスケールで、1は友達があなたから奪うばかりで何もしてくれない関係、10は必要なときには助けてくれる関係としたら、このスケールで今日はあなたの友情はいくつですか？
- 友情のスケールで、1はあなたの友達はいっしょにいて楽しいけれどまったく信頼できない、10はあなたの友達はいっしょにいてとても楽しくて完全に信頼できる、としたら、このスケールで今日あなたの友情はいくつですか？

　両親が離婚すると、子どもは同居していない親に怒って、会うのを拒むことがあります。あるいは、同居していない親に連絡するといっしょに住んでいる親の機嫌が悪くなるのを知っているので拒むこともあるでしょう。ときには同居している親と同居していない親が、自分たちの壊れた婚姻関係の問題と、現在も継続している親子関係とを区別できず、子どもにどちらか一方の側につくよう強く勧める場合もあります。

　こういった場合、子どもの「最大の」希望や願いが何であるか正しく確

認するのは難しいものです。とはいえ、たいてい子どもたちは対立や混乱が収まって、両方の親に会い続けたいと願っていることは容易に想像できます。このようなとき、意識的であるか否かにかかわらず子どもともう片方の親との関係を妨げている親の非言語的な影響を小さくするために、他者からの視点によるスケーリングクエスチョンが使えます。例えば子どもに、「1 はもう二度と父親／母親に会えなくてもかまわない状態、10 は父親／母親に会うことが人生で最も大事な状態」というスケーリングをすることが可能です。そして親にもスケーリングするよう頼みます。「1 は子どもたちがもう二度と父親／母親に会えなくてもかまわない状態、10 は子どもたちにとって父親／母親に会うことが人生で最も大事な状態とします」。第 3 章で紹介した他者からの視点によるミラクル・クエスチョンのように、自分の答えを誰にも見せないようにしてもらいます。そしてほかの家族はいくつと答えたと思うか想像してもらいます。片方の親から強い影響を受けている子どもが、10 と答えることはめったにありません。しかし、意味のある数の違いが出てくれば、全員がいちばん高い値で合意できるときには今と違うどんなことが起こっているか、次にどんなことが起きる必要があるかについて、家族の間で会話を始めるのには十分です。

　子どもたちはスケーリングクエスチョンへの回答を楽しんでくれて、自分なりに工夫することもあります。例えば、8 歳のホーリーは、「母親との面会」についての他者からの視点によるスケーリングクエスチョンに答えました。母親から父親に面会の調整の電話があったとき、父親が電話で和やかに話していれば、母親と会えてどのくらい嬉しいかのスケールで 6 だと答えました。ホーリーは、父親が笑顔かむっつり顔かのスケールを作り、それを 1 週間かけて記入する表にしました。もちろん父親は、その週の終わりまでずっと笑顔でいることを請け合いました。父親は、ホーリーの表で自分のことを確認するまで、前の妻と自分がどのように話しているのか気づいていなかったと感想を述べました。

　子どもと同居している親が、同居していない親と子どもが面会できるよう

★ 解決志向で子どもとかかわる

にやれることは全部しているが、子どもが会いたがらないのだと主張することはよくあります。「子どもには父親と会ってもらいたいけど、強制はしたくないんです」と。そのような場合、子どもは実は、もう一方の親と接触すると、同居している親を惨めな気持ちにさせたりイライラさせたり、帰ってから厳しく追及される雰囲気になるのではという暗黙のメッセージを受け取っています。こういった状況のときには次のスケーリングクエスチョンが役に立ちます。

- 1は面会の手続きをこなしているだけの状況で、10は子どもがもう一方の親とよい関係を維持できるように、できる限りのあらゆることをしている状況としたら、あなたはいくつですか？
- その数になるためにしたことで役立ったのはどんなことですか？
- それをもっと続けることはできますか？
- そのスケールで前の奥さん／ご主人は、あなたがいくつだと答えるでしょうか？
- そのスケールでお子さんは、あなたがいくつだと答えると思いますか？
- もし私が壁のハエだとして、面会がうまくいっているときはどんな違いを見聞きするでしょうか？
- 面会がうまくいっているとき、あなたのお子さんは、あなたがどんなふうに違っていると言うでしょうか？

✂――――ケース例

　先ほどのホーリーと13歳の兄ジョナサンは、面会がもっとうまくいっているときには親がどんな違った行動を取っているか、自分たちの考えを話しました。そのときは父親と母親がお互いにもっと礼儀正しく、もっと柔軟に面会の調整ができているだろうとのことでした。今は以前より父親も母親もお互いに礼儀正しくなったけれど、親と会うスケジュールについては融通が利かないと言います。特に母親は「自分と子どもとの時間」を失いたくありませんでした。そのためにホーリーは土曜の水泳教室に行けなくなり、ジョナサ

❻ ゴール、進み具合、安全のスケーリング

ンは金曜の夜のヒップホップのダンス教室に行けなくなっていたのです。次の会話は1週間後の面接からの抜粋です。

ジュディス｜ここにスケールがあるとして、1 はお父さんがあなたの話をまったく聞いてくれない状態、10 はあなたの話をいつも聞いてくれる状態［あなたの意見に賛成はしてくれないかもしれないけれど、話は聞いてくれる状態］としたら、今日のお父さんはいくつですか？

ホーリー｜お母さんから電話があったときの話し方について話したら聞いてくれたから 8 です。それと私を水泳教室に連れていけるようにシフトを変えてくれると約束してくれました。

ジョナサン｜僕は 7 です。

ジュディス｜それはホーリーの理由と同じですか？　それとも別にあなたなりの理由がありますか？

ジョナサン｜僕なりの理由があります。お父さんは僕に自分でいろいろ決めさせてくれるし、そんなに過保護じゃないからです。

ジュディス｜大きな数ですね。それで充分ですか？　それとももっと大きな数がほしいですか？

［ふたりは父親を見て、返事を躊躇う］

父親｜こっちで聞いているよ。もっと聞いてほしかったらそう言ってもいいよ。自分でも驚いているんだけど、ジョナサン自身にいろいろと任せるのは思っていたより簡単だったよ。

［ホーリーは、ソファーの今いるジョナサンの隣から父親のところに行って膝の上にあがった］

ジョナサン｜お父さんとはうまくやれているんだけど、お母さんにはもうちょっと話を聞いてほしい。

ジュディス｜では、同じスケールでお母さんはいくつですか？

ホーリー｜4。

ジョナサン｜いや 3 だ。［面会のときに］もっと楽しいところへ行きたい。おばあちゃんやおばさんたちとずっと座っているなんていやだよ。みんなも僕らに

155

会いたいのはわかるけど、いつもそればっかりだと嫌なんだ。
ホーリー | それに、お母さんがジョナサンにカッとなるのもやめてほしい。
ジョナサン | お母さんは僕がイライラするようなことをするからだと言うけど、どうしてそれで大声で叫んだりするのかよくわかんないよ。ただ外に行って友達とボールを蹴らせてくれればそれでいいんだ。
ホーリー | でもお母さんは、2週に1度しか会えないから、会えるときはお母さんのところにただずっと居なさいって言うの。すごくつまんない。
ジュディス | 私は来週お母さんに会うことになっています。今の話を私から伝えてほしいですか。それとも再来週みんなで会うときまで待って、自分で話したいですか？
ジョナサン | 来週話してください。

　母親とジョナサンとホーリーとの次の面接で、母親が話を聞く度合は7まで上がり、カッとなるのをコントロールする度合いは5でした。そしてジョナサンの態度［の好ましさ］も6になりました。

　スケーリングクエスチョンは、反抗的な子どもが問題を抱えていることを拒否したり、問題に悩んではいないと言うときにも役立ちます。彼らが最も望んでいることを引き出すための質問は、彼らの自己像と合っていて、自分の行動を変えることについて好奇心をかきたて、関心を向けられるように組み立てられていなければなりません。
　小さな子どもとかかわるときには、線を引いて、一方の端に天使、反対側に悪魔を書いて、彼らがその線上のどこにいるかを聞くこともできます（そのとき、完璧な天使になるなんてつまらないだろうから、天使になることを期待しているのではないことを必ず伝えてください）。彼らがどの位置と答えるかは問題ではありません。答えてもらった位置を、続く話し合いに役立てることができます。続けて次のような質問をしていきます。「その位置で満足？」「もし天使の方にさらに近づくとすると、どこまでいけばいい？」。もう少し年齢が上の子どもには、友達か

❻ ゴール、進み具合、安全のスケーリング

らのプレッシャーの効果を利用する質問をすることもできます。例えば彼らに、クラスで（学年で、学校で、町で）最悪の行動の人と、絶対に問題を起こさない人は誰かを聞き、その名前を線の両端にそれぞれ書きます。そのスケールの上で自分がどの位置にあるかを尋ね、希望としてはどの位置にありたいかを尋ねます。自分は最悪の行動の人くらい悪いことをしていると認めている子どもでも、通常は最善の行動の人側にやや寄った位置を選びます。子どもがどの位置を選ぼうとも関係なく、問題に陥らないためにはどれくらい良い行動を取れば十分か、問題を起こさない人はどうやって問題を避けているか、そして問題を避けるためにその子もその方法のいずれかを使えるか、などについての有益な会話を始めることができます。これは完璧な状態を想像させてそれを子どもに求めるという方法とは違うので、どれくらいのどんないたずらなら、どこですれば許されるかを子どもたちは理解することができます。問題を起こさない友達（「いい子ちゃん」ではなく）は誰か、その子はどうやって問題を起こさないようにしているのかを特定すると、その子にとってお手本となる人物像を想定することができます。あとは1日その人の過ごし方を取り入れてみて、それがどんな感じなのか見てみるよう子どもを誘うだけです。

感情に対応するためのスケーリングクエスチョン

若者が自分の感情に悩んでいたり、感情について話したがらないときにも、スケーリングクエスチョンが彼らの助けとなります。スケーリングクエスチョンによって、彼らは自分がいる位置の感覚を表現することができます。状態を表現してもらおうとして、「調子はどうですか（How are you?）」と質問しても、「大丈夫です（Fine）」とか「OKです」といった答えしか得られませんが、スケーリングクエスチョンはより正確な答えを導き出すための会話の基礎になります。同様に、子どもが自分の感情を特定することを目的としたワークシートのようなものは、好きではないと言ったときにも役立ちます。どのように感じているのかについてスケールで質問すると、彼らがなぜその数だと答えるのかを検討するある種の意思決定プロセスにかかわらなければならなくなりま

157

★ 解決志向で子どもとかかわる

す。ここから、彼らがその数だとした理由に関心を向け、その感情をもっと上手に何とかすることについてのスケーリングクエスチョンに移っていきます。私たちは、人は感情を抱かざるをえないが、「抱いた感情をどうするか」には対応できることを常に重視するようにしています。つまり、強い感情に行動面でどう反応するか、その状態をその状況でどうやってコントロールするか、ということです。

　子どもの生活にかかわる大人がよく口にすることですが、子ども自身も、自分たちの問題のひとつは自尊心が低いことだと言うことがしばしばあります。自尊心は人気のある言葉ですが、その人の自尊心は状況・文脈、日によっても変化しますし、自尊心の高さと低さが同時にあることもあり、実際のところあまり役に立つものではありません。このことは特に、クラスを混乱させたり先生たちに反抗的であったりする生徒によく当てはまります。このような生徒は、向上心が低く成績も悪いですが、ほかの生徒からはとても高く評価されていることがよくあります（例としては第1章のケイラのケースを参照）。若者が自分で、自尊心のどの部分をもっと働かせる必要があるかを決めるのに必要な詳細を得るには、「最高の自分のスケール」を使います。「あなたがなりうる最高の自分を100としたら、今日のあなたはどの辺ですか？」、そして続けて「1から10のスケールでその数にどれくらい満足していますか？」そして「それが1上がったらどんな違うことをしているでしょう？」と聞きます。

　行動が好ましくない子どもは非難されることが多く、それを受けてさらに反抗的になるか落ち込んでしまうかのどちらか、あるいは両方に追い込まれがちです。ですから常に非難されているみじめな状態から切り離し、非難される特定の行動に焦点を当てるためにスケーリングを使います。この場合、たいていは敬意、責任感、誠実さが欠如した行動が焦点となります。スケールは、その両端に子どもの現在の行動が入らないように作ります。例えばこのように質問します。「1はあなたが、なにがなんでも決して本当のことを言わない状態で、10はあなたが、なにがなんでも決して嘘をつかない状態としたら、今日のあなたはいくつですか？」。この質問に子どもたちは比較的正直に

❻ ゴール、進み具合、安全のスケーリング

答えるので、このスケーリングはとても楽しいです（自分は完全に正直だと答えた子どもに会ったことはありません）。その上で、少しとぼけた感じでこんなふうに言います。「おやおや、あなたがたまに嘘をつくなら、この答えが正しいかどうかどうやってわかる？」。多くの子どもは笑ってリラックスし、彼らを非難する大人が気づいている以上の能力をみせて、真実を話してくれます。そのような状態になれば、次のような質問にも答えやすくなっています。「あなたは6として、あなたの支援者は4としています。支援者があなたが6だとしたとき、あなたは今と違うどんな行動を取っているでしょう」

　怒っている子どもとの場合、一般的なスケーリングをする前に、まず何より怒りがどんな影響を与えているのかについて話し合いをすることが役に立ちます。怒りがやってくるときの最初のきざしは何か、体のどこに現れるのかを尋ねます。子どもによって怒りがさまざまに違っていることにいつも驚かされます。ある子どもは怒りはお腹のなかに蝶がいるような感覚から始まると言い、ある子どもは顔が赤くなる、別の子どもはざわめくような考えから始まると答えました。子どもといっしょに、怒りを身体と心の両面に対応させると、子どもが取り組みやすくなります。いっしょに取り組むのは、悲しい怒り、燃え上がる不満、焼き切れる我慢――などあらゆる可能性がありますが、子どもが考え出す解決にもあらゆる可能性があります（怒りについての質問は第4章参照）。子どもの怒りがどんなものかつかめたら、その子ならではの状況にふさわしいスケーリングクエスチョンが可能になります。例えば「1は真っ赤な爆弾がいつでも爆発しそうな状態で、10は導火線が切れていて爆発する心配がまったくない状態としたら、今日のあなたはいくつですか？」とか「1は黒い三角がいつでもあなたの後頭部から這い出てくるような状態で、10は頭から完全に黒い三角を追い出してしまった状態としたら、今日の状況はいくつですか？」となります。

　最初のスケーリングクエスチョンの後には、そのときの会話の内容に応じて質問を続けることができます。例えば、もしその子が強い感情への反応をある程度コントロールできるなら、次は、どのようにしてそうしたのか、もっ

159

★ 解決志向で子どもとかかわる

とそうすることはできるか、もっとそうしたことに誰が気づくか、といった質問へと進んでいきます。子どもにはチームの助けが必要なことがしばしばあります。それは大人が選んだ専門家チームではなく、子どもが選んだチームです。私たちはよく、子どもに自分の手の平をなぞって輪郭を書いてもらい、それぞれの指に彼らを助けてくれる信頼できる人の名前を書いてもらいます。これが支援の手です。子どもが保護者や友達、先生の名前を書くことはよくありますが、ペット、好きなおもちゃ（特に小さな子どもの場合）の名前を書くことも珍しくなく、想像上の友達の名前を書くこともしばしばあります。

✂────── ケース例

　　ティムにはアスペルガー症候群と軽度の限局性学習症の診断がついていました。彼はふさわしい行動がいつもわかっているわけではありません（特に性的な成熟が進むにつれて）。彼はかんしゃくのせいで、学校を退学させられそうになっていました。

　　かんしゃくを手なずけるスケーリングクエスチョン（1 はかんしゃくが最悪な状態、10 は完全に落ち着いている状態）に、ティムは 5 と答えました。ティムはこのスケールで 6 のときは今と違うどんなことをしているのかに答えられなかったので、ジュディスは彼に、支援チーム（その場にいる彼の里親のサリーと里親の孫のアンナ）と相談するよう勧めました。

ティム｜（「クイズミリオネア」の）「オーディエンス」[訳註2]みたいにってこと？[訳註3]

ジュディス｜やってみましょうよ？

ティム｜だったら「テレフォン」[訳註4]の方がいい。[手を耳のところにもってくる]あなたもやってよ、ジュディス。

ジュディス｜わかったわ。[彼女も手を耳のところにもってくる]もしもしサリー？ 今ティムといっしょなんだけど、ティムはこれまでの質問には全部答えられ

［訳註2］*Who Wants to Be a Millionaire?*｜英国発祥のクイズ番組。かつて日本でも放送された。
［訳註3］選択問題の答えをその場で観客全員に投票してもらうこと。
［訳註4］あらかじめ指名され会場の外で待機している協力者に電話して 30 秒間相談すること。

160

❻ ゴール、進み具合、安全のスケーリング

たんだけど、この質問で詰まっちゃったの。それは、かんしゃくを手なずけるスケールで6のとき、彼は今と違うどんなことをしているのかという質問です。今から30秒あります。

[サリーが答えはじめるとティムが大声で秒読みして邪魔して、そこでジュディスの携帯が鳴って皆の気が散ってしまいました]

サリー | もう少し考える時間を下さい。

ティム | [ジュディスの携帯を手に取る。ありがたいことに鳴りやんだ] これが使えるよ。

ジュディス | OK、電話するわね。[ティムに向かって電話をかけているフリをする] もしもしティムの先生ですか？ 彼はここまでの問題に全部答えてきたのですが、かんしゃくを手なずけるスケールで6のとき、彼は今と違うどんなことをしているのか、という質問で詰まってしまいました。

ティム | [先生として] あの子はまったく手に負えないが、どれどれ……6のときには、彼はクラスでは静かに座っていて動き回ることはなく、穏やかで教室の外に出ることもありません。

ジュディス | ありがとう。とても助かりました。[携帯を置いてティムに] さて、先生の話を聞いたと思うけど、そんなことができると思う？

ティム | うん。

ジュディス | どれがいちばん始めやすいかな？

ティム | 動き回らないことだよ。

ジュディス | どうやってそうするの？

ティム | そう聞いてくると思った！ ただやるだけさ。

解決は多くの場合、問題がなくなったとき「その代わりに」何をしているのか子どもに尋ねることで得られるので、彼らの望ましくない行動と一般的に反対となる行動に対して、彼らが自分をどのように位置づけるかスケーリングクエスチョンをすることが役に立ちます。ほかの人の気持ちに無頓着な子どもには、思いやりとか心遣いについてスケーリングクエスチョンをすることができます。一方、不幸な気持ちに抑うつ的な行動——食欲不振、自信喪失、活力

161

★ 解決志向で子どもとかかわる

不足など——で反応する子どもには、幸せについてのスケーリングクエスチョンをします。この場合の典型的な質問は次のようなものです。「1 はあなたの人生がありうる限りの不幸な状態で、100 はお日様がさんさんと輝いてこれ以上幸せなことなんてない状態だとしたら、あなたはいくつですか？」。続けて、その子がつけた数にどの程度満足しているかのスケーリングクエスチョンをします。厳しい状況でもできる限り努力しているので、現状に満足していると答える子どももいます。この場合はどうやってその状況に対処しているのか、自分のどんな資質を使っているのか質問します。しかし子どもが現状の評価に満足していない場合の方が多く、そのときにはスケールでいくつになりたいか、そこまでどのようにして到達するのか質問します。また、どのように「幸せにしている」かについて会話することも役に立ちます。子どもたちにどんなふうに不幸せにしているかと聞けば——泣いてばかりいるとか、友達が出かけようと誘っても行かないと答えるとか、食欲がないとか、眠れないとか——行動を詳しくリストアップしますが、どのように幸せにしているか聞くと「笑っているよ」とか「ただ、今よりもっと幸せになってるだけ」といった答えがよく返ってきます。「幸せにしている」ときのことを子どもといっしょに詳しく突き詰めていくと、その子にとって幸せを意味する行動が明らかになります。通常それは子どもに達成感を与えるか、あるいは気の合う友達を巻き込むさまざまな活動で、どちらも「どの子も大切」政策 (p.3 訳註1参照) において望ましい結果と考えられているものです。自分の不幸について破滅的に語り続ける若者には、スケーリングクエスチョンに加えて、著名なコンサルタントに相談するよう若者を誘う方法をセレクマン (Selekman 2002) は勧めています。この著名なコンサルタントは、サッカーのスター選手や歌手など、若者から支持されている著名人を指します。例えば次のように尋ねます。「今のあなたの日々の状況はなにかと大変なようですね。それでももし仮に、ほんのちょっとだけでも幸せのスケール[訳註5]に乗らなければならないとしたら、そのときシェリル・コールだったらどん

───────────────
［訳註 5］英国の歌手・ダンサー。

なアドバイスをしてくれると思いますか?」

――――演習

　あなたがかかわっている子どもで、感情のコントロールが難しい子どもを選んでください。そして彼らの問題に適したスケールを設定し、それで評価してもらうよう彼らに頼みます。創造力を発揮してください。もし子どもが困惑した眼差しであなたを見たら、彼らにもっとふさわしいのはどんなスケールか尋ねてください。

　小さい子どもに絵で表現したスケールを使うときは、「笑顔」と「しかめっ面」を使うのは避けた方が無難です。そういった絵は一般的すぎたり具体的すぎたりするからです。例えば、ヒックスら (Hicks et al 2001) による「痛みのスケール」[訳註6]は、一方が「痛みのない」普通の表情 (無表情) で、反対側は考える最悪の痛みに顔をしかめて「涙も枯れた」表情となっています。このスケールなら、痛みの度合いと幸せ／不幸せとを混乱する可能性を避けることができるのでより適切です。絵を使うときは、子どもごとの状況に特化したものにする必要があります。

変化への参加を促すためのスケーリングクエスチョン

　私たちは力になりたいと思うがゆえに、頼まれてもいないのにアドバイスしてしまう傾向があります。これは子どもたちがアドバイスを求めているかどうか、そして彼らが私たちをアドバイスを聞けるくらい十分信頼に足る人だと思っているかどうかはっきりするまでは、よい考えとは言えません。みなさんの仕事の一部には、若者に健康について教育することも含まれていることでしょう。例えば、禁煙、健康的な食生活、薬物乱用の防止などです。しかし、若者は喫煙の危険についてしっかり理解しているものの、当事者意識

[訳註6] *Faces Pain Scale* (https://www.iasp-pain.org/Education/Content.aspx?ItemNumber=1519)

が薄いことがわかっています。彼らはカロリーや健康的なダイエットについてよく知っていますが、ジャンクフードも好きです。そしてドラッグやその影響について、私たちよりもずっと知っていることがよくあります。危険な行為については、単にその否定的な側面だけ列挙する形ではなく、彼らにとって意味のある方法で話をすると、その知識をもっと披露してくれることでしょう。子どもたちは、みなさんが彼らのために心底思っていると感じたり、彼らの目標を受け入れていて、彼らの見方を尊重し、彼らの希望に注目していると感じたりすると、自分の問題に取り組もうとするモチベーションが高まる傾向があります。もちろん、子どもの掲げたゴールが、その子どもやほかの人に害を与えるものであるため受け入れがたいときもあるでしょう。こういった場合、子どもの変化に対するモチベーションを、今は「できない」のか「しない」のかを解き明かすかたちで評価するのが役に立ちます。この場合にとても有効なシンプルなスケーリングとしては次の三つがあります。

- 1は問題に対してわざわざ何かする気はない状態で、10はなんでもする状態なら、今はいくつですか？
- 1は問題に対して自分の力で何かできる自信がまったくない状態で、10は自信満々としたら、今はいくつですか？
- 1は問題に対して何をしたらよいかまったくわからない状態で、10は何をしたらよいか完全に理解している状態としたら、今はいくつですか？

これらのスケーリングの例をみてわかるとおり、最初のスケーリングは変化への彼らのモチベーションや決意を調べるものです。二つ目は能力について、三つ目は知識について問うものです。もし彼らが三つ目のスケーリングで低い評価をしたなら、あなたのアドバイスが必要かもしれませんが、続けてフォローアップの質問をしていきますので、アドバイスは必ずしも必要ではないかもしれません。子どもが最初のスケールで6、二つ目で4、三つ目で2と答えたなら、三つ目の質問の答えについて「このスケールで2.5や3になると、どんな違いがあなたの行動に表れていますか？」とするのが理にかなったフォ

ローアップの質問となります。

　また、例外については次のように質問することができます。「今より高かったときのことを思い出せますか？」「そのときは今と違うどんな行動を取っていましたか？」「あなたが1ポイント高いとき、ほかの人はあなたのどんな違いに気がつくでしょう」。みなさんからのアドバイスが役に立つのは、みなさんからどんな助けが必要で、どんなリソースを得たいか、子どもたち自身がはっきりとわかったときだけです。

　このようなスケーリングクエスチョンは、非協力的だとか能力がないとか操作的だといった子どもへのレッテル貼りに陥ることなく、変化への彼らの意欲、自信、能力を評価したり発展させたりするのに役立ちます。善意に満ちた支援者でさえ、対応が難しく見える子どもを前に変化の可能性に悲観的になってしまい、どちらも黙りこんで、よそよそしい雰囲気になることがありますが、このような質問をすればそんな状況に陥ることもなくなります。

── 演習

　1から10の自信のスケールで、1は自信がまったくない、10は自信満々として、みなさんがかかわっている子どもに解決志向アプローチを使う自信はいくつですか？　次に、続けて自分自身に投げかける必要のある質問を列記してみてください。

安全性を評価するためのスケーリングクエスチョン

　スケーリングクエスチョンは安全保護の状況において特に有効です。この質問を使うことで、たとえ危険な状況下の子どもであっても、自分の考え方を表明したり、自分に影響のある決断を下す話し合いの場に参加する機会を彼らに与えることができるからです。スケーリングクエスチョンは、道路を渡るときの安全性から深刻な安全保護の状況に至るまで、どんな安全性にも使うことができます。どんな安全性にも共通して、どのようにして危険を減らし、安全性を高め、評価し、証明できるかという質問が核となります。し

★ 解決志向で子どもとかかわる

たがって、例えばもし若者の深酒について心配しているなら、このように質問することができます。「土曜の夜の安全で快適な外出のスケールで、1は夜中の2時に花壇で逆さまにひっくり返っていそうな状態。10は夜中の2時までに家に向かってタクシーに乗って、なんとか運転手に家の住所が言えていそうな状態としたら、今日はどの辺ですか？」。また子どもが自分でインシュリン注射を打つのを渋っているのが心配なら、「注射するのを友達に見られるのが恥ずかしい気持ちを乗り越えるスケールで、1は絶対に注射をしない状態、10はまわりに誰がいてもただ打つ状態としたら、今日のあなたはいくつですか？」と質問します。食事をとらない子どもが心配なら、このように質問できます。「1から10のスケールで、1はまったくもって望みなどあり得ない、10はフィッシュアンドチップスやプリンを問題なく食べている状態としたら、今日のあなたはどの辺りですか？」。この最後の質問はフレデリケ・ヤーコプ（Jacob 2001）のすばらしい例のひとつです。

　スケーリングクエスチョンでスケールの幅を広くとると、虐待が疑われるなど深刻な安全保護の状況では特に役に立ちます。そうすることで、保護者が親として不誠実になるのを防ぐことができるからです。例えば、カップルに彼らの子育てについて「1はシャノン・マシューズの母親で[訳註7]、10がダビーナ・マッコールとしたら……[訳註8]」（そのときと状況に応じて誰にするかを変えてください）としてスケーリングしてもらうよう質問します。こうすることで、彼らに白黒はっきりさせることは期待していないことを示すことができます。彼らがどこに位置づけようと構いません。スケーリングをきっかけに、スケールで10に近づくためにどんな違う行動を取っている必要があるかを話し合うことができるからです。また、保護者の育児に対する能力・度量をはかるため、さまざまな方法で話し合いあうこともできます。例えば、発達の指標に照らすとそれに達していない3人の子どもを抱えた家族について、保健師がネグレクトの可能性を心配しているとき、保護者に次のような質問をすることが可能です。

[訳註7] 2008年に実の娘シャノンの狂言誘拐で有罪判決を受けた母親。
[訳註8] テレビ司会者・モデル。

166

❻ ゴール、進み具合、安全のスケーリング

「あなたは子育てについて5とつけて、私は2とつけました。私たちが合意できる状態になると、あなた方はどんな違う行動を取っていると思いますか?」。また——いずれにしても保健師は保護者に2という値をつけているので——この質問をきっかけに、2とつけた根拠となる保護者が上手にできている行動を伝え、どうやってそうしたかについて話す機会が得られます。また、スケール上でより高くなるために、保護者はどんなアイデアをもっているか、どんな支援を必要としているか、そして(最も大切なことは)保健師はどうであれば十分と考えているかについて話し合う機会が得られます。安全についてスケーリングをするときは、1が何を表しているのか正確に説明する必要があります。例えば、1は正式に社会福祉機関への児童保護の紹介が必要とか、保護の手続きを開始する必要があるとか、それらがもう進行中なら、里親への推薦の必要があるなどです。同様に10が何を表しているかも明確にしておく必要があります。10は、何かがないことではなく、測定可能なものでなくてはなりません。例えば、保護者がお酒をやめるではなく、達成したことが測定できるものを設定した方がよいでしょう。保護者がパブへ出かけるときは信頼のおけるベビーシッターが確実にいるようにしておく状態とか、子どもの面倒を見ているときには両親とも素面(しらふ)でいるとか、食料品代や家賃を払っても余裕があるときだけお金を飲み代に使うなどです。あなたの懸念を和らげるのに、何かひとつのことだけすればよいと保護者が思わないよう念を押すために、あなたの心配が10にすべて反映されていることが大事です。

例えば、保健師の10にはおそらく次のようなことが入るでしょう。

- 子どもが発達の指標を満たしている(「3歳の子どもは片言の会話ができる」など)。
- 6歳の子どもが時間通りに学校に来る。
- 子どもたちはサイズの合った清潔な服装をしている。
- 冷蔵庫や棚に栄養のある食品がいつもある。などです。

こうしたスケーリングにより、保護者は起こりうる最悪な状態と、そのよう

な最悪なシナリオにならないために何をする必要があるのかを正確に知ることができます。また、スケーリングは継続して使うことができるので、保護者は自分たちがどのくらい進歩したかを計測することができます。

✂︎────ケース例

　リネッテは、近所の人からしつこいほどの人種的差別を受けています。たいていは言葉で言い返していましたが、今回は路上で相手に暴力をふるい、逮捕されて一晩拘留されました。彼女の二人の子どもは里親のところに泊まり、その後一時的な保護命令の対象となりました。近所の人や専門家との諍いに子どもを巻き込むことが主な原因で、リネッテは長い間社会福祉の支援を受けていました。裁判所は、ストレスがかかっても子どもが影響を受けないよう、彼女がどのようにして感情的に反応せずに自分をコントロールできるかを知りたがっていました。また、子どもたちが彼女の元に戻れるように、支援しようとしてくれる専門家とどうやって彼女がかかわれるようになるかも知る必要があるとしていました。この二つは理にかなっていますが、やや漠然とした目標です。例えば、リネッテが自分の感情的な反応に対処できているときには、どんなことをしているのか。スケーリングクエスチョンを使えば、彼女がこのことに自分で気づく手助けをすることができます。

　リネッテは、ストレスのかかる状況で自分がとってしまう不適切な反応について、「我慢の限界」として説明しました。この限界をまったく自分でコントロールできない状態を1、完全にコントロールして確実に限界を超えない状態を10とするスケールで、自分は今5か6だとしました。彼女は、10になったら観察可能な行動の言葉で表現するとどうなるか、しっかり答えを出しました。

- 穏やかで友好的である。
- 子どもの学校の先生とよい関係が築けている。
- 子どもがきちんと学校に通っている。
- 近所の人と友好的な関係を保っている。

- 地域支援員とうまくやれている。
- 人種差別的な言葉を浴びせられても、適切な方法で自分の考えを主張することができる。

リネッテは、また子どもの面倒を見るための第一歩として「穏やかで友好的である」ことに取り組むことを選びました。

演習

「穏やかで友好的」とはどんな様子であり、そうなるために必要なことは何か、リネッテ自身がはっきりと描き出せるように手助けするためのスケーリングクエスチョンを考えてください。

もし保護者の一方が、子どもかもう一方の保護者を、あるいは両方を肉体的あるいは性的に虐待している疑いがあるなら、その保護者には次のように質問します。「あなたに対してお子さんがどれくらい安全かのスケールで、1はまったく安全ではない、10は完全に安全であるとしたら、あなたのお子さんはどの地点にいると思いますか？」。そして今度は、虐待されているかもしれない家族メンバーに自分はいくつかを尋ねます。虐待が疑われる人が10と言ったとしても、子どもは9と言うだけで、保護者も子どもも10と答えたとき保護者は何をしているか話し合うことができます。こうすると、被害を受けやすい家族が、虐待が疑われる保護者に安全に挑戦する機会を提供できます。あるいは、虐待が疑われる保護者に彼らがつけた数の根拠となるものは何か、それはどうやって計測できるか、誰がそれに気がつくかなどを尋ねてみてもよいでしょう。

児童保護の活動において、評定する専門家の意見に保護者がまったく同意せず、「事実」に激しく異論を唱えることは珍しくありません。これは、保護者が「否認している」という意味ではありません。それは単に、恥ずかしい、犯罪になるかもしれない、全部話したら社会的に責任をとらなくてはならな

いかもしれないなど、彼らなりの理にかなったもろもろの理由から、自分が行ったことを認めたくないという意味でしかありません。また、ある一つの出来事を告白しても、もう二度と起こらないと保護者が強く言ってくることがあるかもしれません。こういった場合でもスケーリングクエスチョンをすることができます。「1 はまた疑惑の対象となる深刻なリスクを冒している状態、10 は誰もあなたに対して疑惑を申し立てるような出来事がまったくない状態としたら、このスケールであなたはいくつですか？」。そしてもちろんスケーリングクエスチョンに続けて、「あなたが判事に保護命令を許可しないよう頼むとき、お子さんがあなたといても絶対に安全であると判事に納得してもらうために、どんなことを話しますか？」といった、証拠に関する質問をしていきます。

演習

みなさんがかかわっている家族で、協力してくれなくてイライラする家族を選んでください。少なくとも二人の同僚の助けを得て、その家族に関心をもってもらいながらあなたの懸念を話し始めることができるスケーリングクエスチョンを作ってみてください。

創造力を働かせる

子どもたちのスケーリングをデザインするとき、笑顔の絵を使う人がよくいますが、私たちは笑顔の絵は使いません。というのも、子どもたちにはそれがワークシートのようで子どもっぽく感じられたり、学校のことを思い出させたりするからです。それと、しかめっ面を好む子どもはいないだろうと思うからです。その代わりに、ステッカーをいつももち歩いて、そのなかから子どもに好きなものを選んでもらって、進み具合を計るのに使います。次に紹介するのはアニーの進み具合の表の例です。

アニーと家族との話し合いから、本人が改善したいと願う三つの行動が選

❻ ゴール、進み具合、安全のスケーリング

じかんどおりに 行動する	🐵🐵🐵		ジョセフとダニエルの ベッドルームにはいらない		🐵			
ほんとうのことを いう	🐵🐵🐵							
1	2	3	4	5	6	7	8	9	10
11	12	13	14	15	16	17	18	19	20
21	22	23	24	25	26	27	28	29	30
31									

ばれました。それぞれの行動の欄にその進み具合を表すのに、彼女は3セットのモンキーステッカーを使いました。例えば、もしアニーがある日きちんと時間通りに登校したら、その日の枠に少し笑った青いモンキーステッカーを張ることができます。後戻りしたら「しまった！」という顔をしたモンキーステッカーを張って自分が間違ってしまったことを記録しますが、何か「マイナス点」になるわけではありません。各ステッカーのセットには満面の笑顔の大きなモンキーステッカーが入っていて、アニーは小さな笑顔のステッカーが何枚集まったらこの大きな笑顔のステッカーをご褒美として貼れるかを話し合って決めることができます（いろいろなステッカーは、こちらで入手することができます→ www.trendenterprises.com.）。ステッカーを喜ぶのは小さな子どもだけではありません。若者も気にいってくれます。また、家族とかかわるときに保護者から「私のステッカーはどれ？」と尋ねられることがあります。それで私たちは、大人もこれまでの人生で彼らが達成したことをあまり認められることなく暮らしていることに気がつきました。当然のことですが、大人たちも子ども同様に、遊び心に満ちたアプローチを好みます。子どもそれぞれに合った絵入りのスケーリングを作る秘訣は、その子どもの好みや使う比喩や道具について、本人とよく話し合うことです。子どもが全員お絵かきや塗り絵が好きなわけではありません。進み具合のスケールをどこに掲示するかも彼らとよく話し合うことが大事です。

みんなに見られる場所に貼っておくことが好きな子どもはあまりいないからです。

✎——演習

　進み具合のスケーリング作りを子どもたちといっしょにしてください……と言いたいところですが、その代わりに、総括的でもう少し難しい演習を紹介してこの章を終えたいと思います。

　最近みなさんがかかわっている家族か若者に、みなさんの支援や介入の有効性を質問したと想像してみてください。1 から 10 のスケールで、1 はまったく助けになっていない状態、10 はすべてが望み通りという状態としたら、彼らはあなたの支援や介入はいくつだと答えると思いますか？

　彼らがあなたの介入をいくつだとするか想像したら、次の質問に答えてください。

- その数になるためにみなさんは何をしたのでしょうか？　ほかには？
- どうやってそうしたのですか？　ほかには？
- あなたは自分のどんなスキルや能力、資質を使いましたか？
- 子どもたちや家族が、あなたの介入についてもう 1 ポイント多くつけるとき、何が起こっているでしょうか？　どんな違いがありますか？
- それを達成するために、どんな行動を取っていますか？
- 若者や家族とかかわる仕事がさらに前進するために、あなたのスキルや能力、資質がどのように助けとなるでしょうか？

❻ ゴール、進み具合、安全のスケーリング

キーポイント

- スケーリングクエスチョンは汎用性があり、ゴール設定の早い段階にも、ゴールに関連してどの位置にあるのかを決定する後半の時点にも応用可能で、会話の端々に織り込むことができます。したがって、スケーリングの技法は、幅広い流動性のある解決志向アプローチと非常に相性が良いのです。

- スケーリングクエスチョンは、必ずしも1から10の設定でなくともよく、数や形、人物、色などで多様にデザインできて、さまざまな状況に合わせて応用できる点もまた魅力です。この技法を使うと、さまざまな違う意見があっても摩擦を起こすことなく、それぞれの意見を記録していくことができます。また、それに続けて質問（まぁ！ あなたは10とつけたんですね！ どうやってそうなれたのですか？ など）することで、子どもたち独自のスケールを反映して、その正しさを認める基盤を作ります。こういった質問を受けると、子どもたちはたいていの場合、現在の位置を表す数をより低い方につけることに気がつきました。また、子どもの行動が心配されるときには、スケーリングの技法を使って、状況を心配している専門家と家族とが、現時点でどこにいるかを伝え、それと同じくらい重要なこととして、心配を減らして安全のスケールで今よりも高くなるためにはどんな違いが必要かを説明することができるようになります。

- 子どもや若者とコミュニケーションを非常に取りづらい状況に陥ってしまうことは、私たち誰もが経験することです。この状況が誤解を招き、結果としてこの子は「困難だ」「抵抗している」「渋っている」というレッテルを貼ってしまうことがよくあります。スケーリングクエスチョンは、子どもたちの前に進みたい気持ちがどのくらいあるか、前に進める自信はどのくらいかといった、彼らの立ち位置を明確にするのに役立てることができます。そこから、支援者であるみなさんが、子どもたちのモチベーションや能力についてよく話し合い、子どもといっしょに評価していくことができるようになるのです。

7 まとめ

　この章では、子どもとの1回の対話のなかで解決志向のさまざまな要素をどのようにうまく一体化させ、課題をどのようにして決定していくかについて説明します。そしてその子どもとの2回目、3回目、4回目の対話において、どのようなことが起きるのかについて話を展開します。また子どもにとって意味があり、かつ公式な記録としてもふさわしい対話の記録方法と、フォローアップのための課題の出し方についても説明します。加えて子どもが望んでいた通りに進んでいないときにどうするかについて、いくつか提案をします。そして最後に、解決志向を使った関係機関とのかかわり方について簡単に触れます。

まとめ——これまでのすべてを一体化すると

　ここまで解決志向による子どもとのかかわりの基本要素について順を追って説明してきました。結局のところ、アイブソン（Iveson 2002）が解決志向の実践に関する要約で書いているように、大切なのは次のことを発見することです。

- みなさんと子ども（と家族）が達成したいと望んでいること。
- それが実現したら、どんな様子になるか。
- 子ども（と家族）がその問題に対してすでにうまくやれていることは何か。
- 子どもはそれをどうやって達成したのか。
- すでにあるリソースは何か、さらに必要なのは何か。

　しかしもちろん実際の対話は流動的で変化に富んでおり、紆余曲折があっ

175

★ 解決志向で子どもとかかわる

て話の流れも変わります。もし対話が型にはまった流れで進んだら退屈なことでしょう。誰かに休暇の過ごし方について尋ねてみたと想像してみてください。すると彼らは、空港での様子から話し始めて、休暇の各段階での出来事をいつも同じ長さで、淡々と説明します。これでは彼らが休みの間に何をしたかは正しく理解できるでしょうが、彼らの輝く瞬間についてはほとんどわかりません。その代わりに、両者にとってもっと意味ある対話につながる質問をします。聞く側が好奇心や興味関心を示すと、会話に深みが増します。話が進むにつれ休暇の話は前後し、ある部分に興味関心の的が絞られ、他の細かい話は別の機会に回されることもあるでしょう。子どもとの解決志向に基づく対話では、まさにこのようなことが起こります。問題と関連しない話のなかで、子どもが例外について話すことがあるかもしれませんし、ゴールを設定している間にこの大切な情報を脇にやることはないでしょう。

また、子どもの強みやリソースを話し合って確立する前に、問題解決への意欲や無関心について子どもが話し始めることもありますが、問題ありません。なぜなら、いちばん大切なことは、次の質問を考え始めるよりも前に、まずは子どもがみなさんに話してくれることに注意深く耳を傾けることだからです。このような方法で子どもとかかわり始めるときにはちょっと怖い気がするかもしれませんが、前の質問に対する答えを聞くまでは次にどのように質問するかがわかるはずはありません。解決志向の対話がプロブレムトークから始まって、ゴール設定に移っていくこともありますが、大多数は違います。次のケース例では、子どもや若者の発言に応えつつどのようにして対話を展開していくかについて紹介します。

✂――― ケース例

これは第5章に一部を記載したアビーとの対話の全逐語です。

アビーは15歳です。彼女には生後12か月のキアという女の赤ちゃんがいますが、育てることができずにいます。キアは父方の祖父母といっしょに暮

7 まとめ

らしています。アビーの希望は、暮らしを正常な状態に戻して、義務教育終了時の全国統一テストで良い成績をとること、仕事を見つけること、そして彼女がキアに会うのを裁判所が認めるに十分な生活の安定を証明することです。当初は良い滑り出しでしたが、その後は外泊し、年上の男性たちとつき合い、学校には通っていませんでした。学習支援員が社会福祉サービスへと彼女を紹介しました。この面接は3回目なので、通常ジュディスは「良くなったことはどんなことですか？」という質問から始めるのですが、その質問を聞かれる前にアビーは自分から話し始めました。

アビー | 育児記録を1ページ書きました。それにタバコは1日1箱だけです。

ジュディス | 大きく減りましたね。どうやったんですか？　意志の力かな？

アビー | そんなところです。でも、キアのためにやったことでもあります。

ジュディス | 育児記録を1ページ書いたのですね。それについて話してもらえますか？

アビー | 持ってくるのを忘れました。前回の面談の後すぐに家で書きました。

ジュディス | それ以来家にはいないのですね。

アビー | 今は戻っています。

ジュディス | それはよかった。社会福祉サービスに紹介されたと聞いていたから。

アビー | はい……。〔心配そうに〕社会福祉サービスに紹介されるとどうなるんですか？

ジュディス | 児童保護になります。あなたがどれほど安全であるかを、社会福祉サービスの人たちが見に来ることになります。

アビー | えっ、それからどうなるの？

ジュディス | それはあなたがどれほど安全かによります。彼らの権限でできる最大のことは、あなたに保護命令を出すことです。〔アビーはショックを受ける〕でもあなたは今、家に戻っていますよね。後戻りしたけれど、それも乗り越えたので、きっとそんなことにはならないでしょう。

★ 解決志向で子どもとかかわる

アビー｜先週末に叔父が亡くなりました。股関節置換手術で入院して肺炎にかかりました。そのことが原因で、外泊しちゃったんだと思います。病院は翌日になってやっと知らせてきました。

ジュディス｜［話が「なぜ」そうなったのかについての横道にそれないようにして］外泊することがあなたにとってどんなふうに役立ちましたか？

アビー｜わかりません。道を外れたんです。それが私の対処法なんです。家で誰かが悲しんでいるのを見ると私も悲しくなって、落ち込んで、何も手につかなくなって、家に籠ってしまいます。前回がそうでした。

ジュディス｜道を外れるともっと元気になるんですか？

アビー｜はい、外泊すると明るくなれるけど、家にいるほうが良いと思います。

ジュディス｜外泊の良いところはどんなことですか？

アビー｜自分らしくいられて幸せです。

ジュディス｜良くない点は？

アビー｜家が恋しくなるし、お金もなくなります。そんな感じかな。トラブルにも巻き込まれるし。外出禁止になったけれど、今は大丈夫です。こんなことをするのは間違っているとわかっているけどそうしちゃう。変な感じ。そうしろと頭のなかで私に言ってくるんです。私はそうしたくないけど、また別の声がそうしろと言ってきて、結局そうしてしまいます。あの家にいるときにこれが起きたら、ただ家でじっとしています。

ジュディス｜別の声を聞かなかったことはありませんか？

アビー｜たまには。緊張していると、そうしろと声がしてもしません。

ジュディス｜そのときは、どうやったのですか？

アビー｜ただテレビを観たり、眠ったり。私の頭のなかがどうなっているかわからなくなることもあります。頭の後ろに違和感を覚えることもあります。何かストレスを感じているのにそれが何かわからない感じです。

ジュディス｜えーと、そのストレスがどれくらいあなたに影響しているかですが、［スケールを書いて］100 はあなたがなりうる最高のあなたとして、1 は最悪

❼ まとめ

なあなたとすると、今はいくつですか？

アビー｜30です。

ジュディス｜はい。ではこれが幸せのスケールとして、1が真っ暗な落ち込み状態で100は陽の光が降り注ぐ最高にすばらしい状態としたらいくつですか？

アビー｜50です。

ジュディス｜50の49側ですか、それとも51側ですか？　あるいはぴったり50ですか？

アビー｜ぴったり50。それが私です。半々なんです。明るくもなれるし、何もする気になれないでいることもできる。

ジュディス｜ではまた別のスケールがあるとして、1はあなたが何もする気になれない状態で、10は現状を変えるためなら何でもする状態としたらいくつですか？

アビー｜8です。

ジュディス｜では、1はどこから始めればよいのか取っ掛かりすらわからない状態で、10はどこから始めればよいのかわかっている状態としたら？

アビー｜9です

ジュディス｜では、1はしなくてはいけないことをするための自分の能力に自信がまったくない状態。10は完璧にある状態としたら？

アビー｜4です。

ジュディス｜自信のスケールで5になったら、今と違うどんなことをしていますか？

アビー｜人と会うときに目を見ることができていると思います。明るく陽気に。

ジュディス｜なりうる最高のあなたのスケールで35になると？

アビー｜家にいて、いい子で、宿題をして、学校に行って、キアに会います。これまで［キアの父親にキアの様子を聞くために］フェイスブックを見ていませんでした。

179

ジュディス｜フェイスブックを見ると、どんなふうに役立ちますか？

アビー｜もっと幸せになれると思います。

ジュディス｜半分以上ですか？

アビー｜それで20〜30上がります。

ジュディス｜学校に行くことはどんな助けになりますか？

アビー｜学校に行ってもぶらぶらふざけてばかりですが、授業を全部受けたら気分がいいと思います。

ジュディス｜家にいることのよい点はどんなことですか？

アビー｜町をうろうろせずに、快適で温かな家庭にいられることが嬉しいです。

ジュディス｜でもあなたのおばあさんは、あなたが家でとても退屈にしていると言っていましたよ。

アビー｜退屈だけど、ゲームをしたりテレビを見たりおじいさんの相手をしたりできます。泳ぎに行ってもいいけど、最近はあまり行ってません。

ジュディス｜あなたが本来の道筋に戻るために、役に立つことは何でもする自信をもっともてるための方策を見つける必要がありますね。あなたの良いところを教えていただけますか？

アビー｜わかりません。あるとも思いません。

ジュディス｜あなたはいつも、身だしなみにとても気をつけていますね。家に帰らないときでも、きちんとするようにしているんですか？

アビー｜はい、そうです。格好悪く見えるのが嫌で。

ジュディス｜あなたのよいところについて、もう二つ発見したわね。［アビーは困惑しているように見える］あなたは自分自身に誇りをもっているし、家に帰らないときもきちんとしている能力があります。そうするには事前に計画しておく必要があるでしょうから、あなたは計画を立てるのも上手なんですね。ほかにはどんなよいところがありますか？

アビー｜えーと、明るく振る舞っているときには、いっしょにいるのが楽しい

❼ まとめ

人だと言われます。でも友達は［彼女のそのときの様子に］気をつかって、「少し悲しそうだね。大丈夫？」と聞いてきます。それで私は「大丈夫」と言うんです。

ジュディス | でも大丈夫じゃないのね？

アビー | はい。でも友達を煩わせたくなくて。

ジュディス | お友達がサポートしようとして、あなたがほんとに大丈夫か聞いてきたときに、正直に答えるのが友達にとって煩わしいことになるとは思いませんよ。どんなサポートをしてもらえたら、あなたにとって助けになりますか？

アビー | 私が誰かの家にいて、そこでそのまま寝ちゃおうとしても、次の日に私にはすることがあるとわかっていたら、友達に「だめ」と言ってほしいです。そうしたら私は家に帰って、気分も良くなると思います。

ジュディス | 彼らはあなたのためにそうしてくれると思いますか？

アビー | たぶん賛成してくれると思います。

ジュディス | では彼らにどのように助けを求めますか？

アビー | 何時に家に帰るつもりか伝えておいて、もし私が時間になっても帰りたくないようだったら思い出させて、バス停までいっしょに行ってくれるか聞いてみます。今晩、友達に会うことになっているからそう言ってみようかな。

ジュディス | では、明るくいたいと思えばそうできるし、そんな気分じゃなければ明るくする必要はないんですね。

アビー | 昨日の夜はわけもなく泣き出して、バカみたいと思いました。

ジュディス | きっとなにか理由があったのでしょうね。泣かないでいることもときどきあるんですか？

アビー | 家族で何人か亡くなった人がいましたが泣きませんでした。たくさんのことが私に降りかかってきたけれど、泣きたい気持ちを抑えています。

ジュディス | それは、良いことなのですか、嫌なことなのですか？

アビー | 嫌です。気持ちが溜まっていっちゃうからです。

ジュディス | それにどうやって、うまく対応できると思いますか？

アビー | ちゃんと大声で叫びたい気分です。

ジュディス | それは助けになりますか？　それとも事態を悪化させますか？

アビー | たぶん、助けになります。

ジュディス | どこでできそうですか？

アビー | どこか開けたところへ友達と出かけて叫んでみようかな。変に聞こえるかもしれませんが、それが私の吐き出し方なんです。

ジュディス | どしゃ降りだったら？

アビー | そのときは紙に書きます。

ジュディス | そして燃やすの？

アビー | 友達といっしょに燃やします。じゃなきゃ自分だけで。

ジュディス | どんどん計画が見えてきましたね。外泊しないで家に帰れるように友達に頼んだり、全部吐き出したり。では、あなたの良いところについてもう少し話していただけますか。

アビー | よくわかりません。もし誰かが私のことをほめてくれても、例えばボーイフレンドがいて彼が私のことをほめてくれたとしても、どうせ私なんかと思ってしまいます。ほめられるところなんて、私にはありません。

ジュディス | どんなほめ言葉ですか？

アビー | 素敵だねとか、いい香りがするねとか。私が「そんなことない」と言うと彼は「自分のことを悪く言うのはやめろよ」って言います。

ジュディス | ほめられたときの適切な応答を知っていますか？

アビー | いいえ。

ジュディス | 私のことをほめてみてくれますか？

アビー | 素敵な髪ですね。

ジュディス | ありがとう。おかげで幸せな気分になれました。

アビー | わかりました。「まぁ、ありがとう」と言うだけでもいい？

ジュディス | ええ、ありがとうと言うことが大事なんです。次にほめられたとき、試せそうですか？

❼ まとめ

アビー｜自己肯定感が低いんだと思います。

ジュディス｜どういうことですか？

アビー｜大きな教室に入っていけないんです。落ち着かなくて。

ジュディス｜自己肯定感が高かったら、行動はどう違いますか？

アビー｜幸せで、相手の目を見て話しています。

ジュディス｜でもあなたは今、私の目を見て話していますよね。

アビー｜でも、落ち着きません。

ジュディス｜では、自信のなさをごまかすのがとても上手なんですね。どうやっているんですか？

アビー｜したいと思ってやっているんじゃなくて、無理やりやる感じです。そういうフリをして、心の準備をして、とにかくやる。前もそうしたし……って。

ジュディス｜それは大変なことでしたか、それとも簡単でしたか？

アビー｜大変でした。

ジュディス｜でもうまくできた？

アビー｜ちょっとうまくいきましたが、途中で諦めました。

ジュディス｜では、自信のなさをごまかすのは役立つけれど、大変なことなんですね。ちょっとした息抜きを取り入れてみましょうか。［財布からコインを取り出してアビーに渡す］コインのどちらの面が好きですか？［表です］夕食のときにこのコインを軽く投げ上げて、表が出たらそのあと 24 時間、自信のあるフリをしてください。裏が出たらいつも通りに過ごしてください。そしてどちらの日が自分にとって良いか注意してみてください。

アビー｜［うなずく］○○［若者向けのカウンセリング機関の名前］のことを知っていますか？ そこへ行ってみたいんです。以前行ったとき助けになってくれて、調子が良くなったので行くのをやめました。

ジュディス｜彼らがしたことで役に立ったのはどんなことですか？

アビー｜話しかけてくれて、それで私は全部吐き出して、気が楽になりました。育児記録も、書き込むことをもう少し考えられれば、もっと書けると思います。

183

★ 解決志向で子どもとかかわる

ジュディス | どのようにして書き始めたのですか？

アビー | 前回の面接後に少しやりました。妊娠5か月のときの写真をスキャンして、「今日、赤ちゃんは女の子だとわかった！」と書きました。それから生後間もないキアと私を病院で映した写真を貼って、ほかにも靴下とかの写真も貼りました。とても時間がかかって、初日に2ページ作ったところでアイデアがなくなりました。

ジュディス | 次は何を書きますか？

アビー | 娘はこんな小さなウサギの人形をもっていました。そしてそれをちゃんとギュッと握りしめたんです、と。でも、もうアイデアはありません。

ジュディス | キアが目の前にいなくても、キアのことがあなたの頭を占めているのね。では、あなたは愛情深いお母さんなのね？〔アビーは疑わしそうにしている〕あなたは、キアの安全を守るために祖父母のところに預けたんですよね。それは愛情のある行為よね。

アビー | そうしたくはなかったけれど、しなければならなかったんです。

ジュディス | キアのためにタバコの量も減らしたのよね。それは思いやりと決断力があることも示しています。あなたの友人は、あなたの良いところはどこだと言うでしょう？

アビー | いっしょにいておもしろくて、明るくて陽気だと。

ジュディス | 先生たちは何と言うでしょう？

アビー | 嫌な子だという人もいるでしょうが、授業をよく頑張ったと言ってくれる先生もいるでしょう。

ジュディス | 先生たちはどんなよいところを見つけたかしら？ 集中力？ 決断力？ それ以外のこと？

アビー | 決断力がけっこうあるって。

ジュディス | そうですね。では、あなたのお父さんは何と言うでしょう？

〔たくさんの強みを見つけたい気持ちが強かったため、ジュディスはアビーがどのように決断するのかについて、詳しく質問しませんでした〕

❼ まとめ

アビー | おもしろい子だと言うでしょう。時間を守るし、料理なんかもするって。

ジュディス | 思いやりがあることがまた出てきたわね。おばあさんは何と言うでしょう?

アビー | わかりません。

ジュディス | 彼女に尋ねてみなければならないわね。おじいさんは何と言うかわかりますか?

アビー | お父さんと同じこと。元気に遊びまわって、おじいちゃんとよく笑い合ったり。好きな曲に合わせて踊ったり。食べるものを作ったり、ただくつろいだり。

ジュディス | では、あなたはいっしょにいるのが楽な人なのね。あなたの学習指導員は何と言うでしょう?

アビー | だいたい同じ。

ジュディス | ではあなたの後見人は?

アビー | あまり会わないからよくわかりません。

ジュディス | お祭りで金魚が当たったけれど、今より大きな水槽を買う暇がないとしましょう。金魚はアーチ型の置物の下とか、たったひとつしかない水草の隙間とか、金魚鉢のなかをぐるぐる泳ぐことに飽きてしまいました。退屈しのぎに、金魚はあなたのことを観察することにしました。ほかの誰も気がつかないけれど、その金魚があなたのことで気づいたことは何でしょう?

アビー | わかりません。[一生懸命考えて] 何も思いつきません。

ジュディス | では、あなたは自分の気持ちを、金魚にすら隠すことができるんですね。もしあなたが感情を表に出しはじめたら、感情を隠すスキルをどう最善の方法で使うか考える必要がありますね [このことは会話の初めの部分と関係しています]。それから、ほかに得意なことは何でしょうか?

アビー | 水泳です。

ジュディス | どうやって水泳が上手になったんですか? とにかくやってみたの?

★ 解決志向で子どもとかかわる

アビー | はじめて飛び込んだときは恐かったけど、でも楽しかったから続けました。

ジュディス | はじめて飛び込んだときはどうやったの？

アビー | 友達がやっているのを見て、深さを確かめるためにまず端っこの深いところへ歩いて行って、どのくらい深いか確かめました。それから、とにかくやってみたんです。

ジュディス | では、あなたは思い切ってやるだけの勇気があるけれど、まずリスクを見抜く賢明さも、もち合わせているのね。私には、あなたは状況を分析して危険から身を守ることができるように見えるわ。ほかに何か得意なことはありますか？

アビー | テニス。

ジュディス | 活動的で他人と調和が取れることもリストに載せましょうね。もう、少なくとも10個はよいところを見つけたと思うわ。［端に11から20の番号が振ってある紙をアビーに渡して］これは宿題です。ほかにもう10個よいところを見つけてください。あなたの人生を軌道に戻すためのプランに、それらを使うことができるでしょう。それと育児記録書ですね。

アビー | 次、何を書いたらよいかわかりません。

ジュディス | では、キアがとても優れた能力がある赤ちゃんで、コンピュータが使えて、フェイスブックであなたに話しかけてきたと想像してみてください。彼女はあなたにどんな質問をしてくると思いますか？

アビー | お母さん、どこ？って。

ジュディス | あなたがお子さんを祖父母のところで暮らすようにと預けるのに、どんなに勇気をふりしぼったか書いてみるのはどうかしら？　それと、あなたの抱えている大変さをちょっと説明してみたら？

アビー | そうします。

ジュディス | ほかにあなたが思いついたすばらしいアイデアは何でしたっけ？

アビー | ○○［カウンセリングサービスの名前］に行くこと、彼が優しいことを言ってくれたら、ありがとうって言います。

❼ まとめ

ジュディス｜ほかには？

アビー｜ほかには思いつきません。

ジュディス｜［手元のメモを見直して］それと、開けたところで叫んだり、書き残したりというのがあったわね。友達に、あなたが外泊しないで家に帰るのを助けてもらうのを頼むこと。

アビー｜それは今晩できます。6時半に会うことになっていますから。

ジュディス｜することはたくさんありますね。

アビー｜今晩してみます。どうなるか楽しみです。気持ちを吐き出してみる方法は、紙に書く方がいいなと思っています。本当に話しているように書いて、それで消えてなくなる感じで。

ジュディス｜話し合わなければいけないことは全部話し終えたかしら？

アビー｜ええ、少し疲れました。

ジュディス｜そうですね。私がいろいろと質問したので、頭が痛くなってしまったでしょう。

このケース例でみられるように、子どもや若者との対話の最後は、聞いた話やその人について理解したことをまとめて終わります。その段階で、この後どんなことが起きる必要があるか明確になっているかもしれませんし、課題を出す必要がある場合もあるでしょう。この課題は当事者である若者自身が考え出すものだったり、若者との協働作業で作られていくものだったりします。ワーカーが決めるものでも、ワーカーが若者に強制するものでもありません。それは、子どもやその家族が彼ら自身の人生の専門家であるとする解決志向実践の基本原則に明らかに反します。課題をみなさんが出すにしても、それは招待状であって処方箋ではありません。もし子どもがもっと良い課題を思いつくならその方がずっと勝ります。課題は、行動（何かをする）か観察（何かに気づく）の二つの形式にまとめられます。

もし子どもとの対話がスムーズに進行しなかったなら、あなたが役に立つ質問をしているかを子どもに確認し、必要に応じてどんな質問ならもっと役

★ 解決志向で子どもとかかわる

に立つのか聞いてみるとよいでしょう。対話がスムーズに進行しているときでも、その効果を評価することを習慣づけるとよいです。そのために役立つ質問としては次のようなものがあります。

- この話し合いはあなたにとってはいかがですか？
- このことについて話し続けましょうか？　それとも○○について話したいですか？
- この話に興味はありますか？　時間をかけて話し合うべきことだと思いますか？
- これについて私からいろいろと質問していくのがいいですか。それとも、ほかにもっと話したいことがありますか？
- こういった質問をするのはあなたの意向に沿っていますか？
- 私がもう少しあなたのお役に立っているとしたら、どんなことを話しているでしょうか？
- 質問してほしいなと思っていることで、まだ私がしていない質問は何ですか？
- 1から10のスケールで、1はこの会話がまったく時間の無駄になっている状態、10はこれ以上ないくらい役立っている状態だとしたら、いくつですか？
- あなたがこの面接の点数をもう1点高くつけたとしたら、私は今とどんな違った行動をしているでしょうか？
- あなたがこの面接の点数をもう1点高くつけたとしたら、あなたは今とどんな違った行動をしているでしょうか？

私たちがこれまで見つけた方法のなかでも、解決志向のさまざまな要素を最も独創的に活用しているのが、ノルウェーの健康管理会社が作った絵入りの立方体です（www.hnt.no）。これは、子どもたちが自分の病気によりよく対処するのを助けるために作られたものです。カメ（ゆっくりだけど長生き）が船長を務める船にたとえて、今は力を発揮できない部分があるけれど、自分の船の船長で、船

❼ まとめ

最初の港に無事到着！
岩礁に乗り上げた？
最初のゴールはどこ？

どんなとき幸せに気がつく？
あなたにとってよい人生ってどんなもの？
今日は自分の状況をどう経験している？

Illustrations by Knut Hoihjelle

長としてやってほしいことをしてくれる船員（専門家）を募集していると想像してもらいます。この立方体はグループでも使えますし、サイコロのように振って出た絵を説明する使い方もできます。（詳細についてはこちらにご連絡を→ lms@hnt.no）

2 回目以降の面接

　子どもがこちらの提案を行ってこなくても、まったく驚くことではありません。自分で一つでも何か思いついたならさらにすばらしいことです。しかし次に会ったときには、子どもからその話題をもち出さない限り、こちらから課題について話題にとりあげることはありません。実際のところ、その子にはさらに面接が必要とは想定しないので、私たちには子どもとの面接の回数を規定する考えはありません。もう一度会いたいか、その場合、次回はいつがよいか——解決に向けて次の一歩を踏み出し終えるのにどれくらいの期間が必要と子どもが思っているかによります——子どもに尋ねます。

　しかし、水泳教室であれ福祉プログラムであれ、子どもたちがかかわっている多くのサービス、クラス、活動は、決まった回数が設定されています。

★ 解決志向で子どもとかかわる

　子どもがすべての回数を終える前にゴールに達したとしても、それは問題ではありません。残った回数は成功をより強固なものにするために使うことができますし、将来必要になったときのための「貯金」としておくこともできます。

　2回目以降の面接の進め方は初回と同様です。どんなことがうまくいっているか、ゴールの実現に向けて進んでいる部分をさらに聞き出し、問題行動の例外を見つけ出して、例外のときに行っている解決は何かを話し合っていきます。2回目の面接の最初の質問は、「良くなったのはどんなことですか？」です。うまくやれていることについて尋ねていくと、ゴールに向けて取り組むときに活用できる子どもの強み、スキル、知恵を強化していくことができます。またこの質問をすることは、その子にはゴールに到達するだけの能力があるという前提を強化することにもなります。この質問は面接の開始時点によくなされる「調子はどうですか？」とは対照的な役割を果たします。その人がどんな状態であるか、どんなことが起きているのかについてより広い範囲の一般的な質問をすると、どんなことがうまくいっているか以外のあらゆることを話し始めるきっかけを提供してしまいます。そしてこれはみなさんと子どもをプロブレムトークへと引きずり込む麻薬となるのです。

　この人には能力があるという信念は、子どもにとって励ましとなり高揚する体験となりえます。一方、これは子どもが問題に圧倒され、それで頭が一杯になり、生活に困難を抱えているときには特に難しいものになります。しかしながら私たちは、未来に焦点をあて、特に小さくても子どもたちの成功に焦点をあて、それをより視覚的に理解できるようにすることが、自分で問題を乗り越えていける、問題の嫌な影響を受けることなく問題に対処していける子どもの信念に、多大な影響を及ぼすと信じています。状況がより良くなっていることに関心を向けてそれに気がつくことは、日々の暮らしが決して毎日同じではないことも際立たせます。さらには変化が、みなさんと子どもとの面接場面以外で、面接とは関連せず起きていることを認識することで、子どもの自立レベルが強化されます。

❼ まとめ

　ディ・シェイザー（De Shazer 1994）は、子どもと再び面接する目的について次のように述べています。

- セッションとセッションの間に、（ゴールに向けて）良くなったことが含まれるよう、間隔をあけるため。
- 前回と今回の間に子ども自身がしたことが役に立ったことを確認して、物事は改善することを子どもが理解するよう促すため。
- 子どもたちが変化につながるどんなことをしたのかを発見して、どうやってそれをもっとするか理解できるよう支援するため。
- 改善はそれで十分か決めるため。
- 改善点が見つからなかったら、うまくいかないことを繰り返さないよう、どうやって何か違うことをしたらよいかをいっしょに考えるため。

　子どもが成功、例外、強みを特定できるようになったら、これまでとは違うその子の望むストーリーが浮かび上がります。この話のストーリーを強化するのに役立つ方法は、そのことをフィードバックすることです。その一つの方法は、話し合ったことを網羅した手紙を送ることです。ホワイトとエプストンは、一通の手紙には4回の面接に相当する価値があることを発見しています。ですから、記録のための時間を取ることには価値があるのです。

✂――――ケース例

　この手紙は17歳のスティーブに宛てて書かれたものです。彼はより適切な方法で自分の感情について話し合い、コントロールするための支援を求めてきました。それ以前の面接で、彼はこれらの感情を「イライラ」として外在化していました。

　　スティーブ、こんにちは。
　　7月4日に私たちが会ったときに話し合ったことを書き留めておきますね。「イライラ」は前回の面接以来2度しか現れていないと話してくれましたね。

★ 解決志向で子どもとかかわる

　あなたはこれは大きな改善だと言いました。またあなたは、「イライラ」が2度現れそうになったけど、なんとかコントロールしたことにも気がつきました。コントロールできた2回では、彼女のお母さんへの敬意と、その場を立ち去ることが有効でした。スティーブ、あなたはまた、先週はずっと忙しかったこと、そして自分の生活で起きることに責任を持たなければならず、責任を持ちたいと決意したと話してくれました。職業紹介機関と契約して、負債を整理しはじめると言っていました。また、退屈したり「どこにもやり場がない」と感じたりすると「イライラ」が現れる危険性が高まることに気がつき、毎日何か予定を入れるようにすると言っていました。「予定を入れ続けていく自信がどれだけあるか」について1～10のスケール（1はまったく自信がない、10は自信がありあまっている）で表すと、あなたは6か7だとしました。この時点では8になるために何が起きる必要があるのかまだ少し不確かでしたが、前より幸せを感じたら気づくだろうとのことでした。8になるために何が起きる必要があるのか不確かなうちは、これを探し出して、何が違っているか考えてみることで私たちは合意しました。でもさしあたり6か7であり続けるためのことをし続けることになりました。

　あなたは、自分の人生が一歩一歩前へと向かって進む様子は、まるで線路の上を進んで行くようだと言いました。それはとてもすばらしい表現だと思います。線路の上を歩み続けるには助けが必要で、そうすれば今度は自分の力で前に進めると。また線路の上に在り続けるには自分の努力が必要だとも言っていました。それから、自分には際立って優しい側面があることに気がつきました。ほかの人が傷ついているのを見るのは嫌だし、むしろそういう人たちを世話してあげたいと言っていました。そしてすぐそれにつけ加えて、この発言やあなたの他人を思いやる資質を見たら、みんな驚くだろうと言いました。それは「イライラ」が日々の生活のなかでときどきはっきりと姿を現すことによって、あなたがまわりの人に与えている印象とは相反するものだからです。この話から、他人からどう見られたいか、そして自分について何と言われたいか、あなたの希望、未来の選択肢の話へと繋がりました。話し合いの最後に、彼女との関係についても触れましたね。サリーは何らかの情緒不安定のせいで「イライラ」があなたの

❼ まとめ

生活のなかに現れるのだと考えています。あなた自身もそれに賛成とのことでした。サリーには、もっと自分の強みに気がついてほしいけれど、それはきっとお互いさまで、サリーもそう思っているかもしれないと言っていましたね。そしてお互いの強みにもっと注目してみようと思うと言っていました。

セッションの最後には、これから「毎日予定を入れて、自分の人生を前に進め続けて、もっとましな生活にする」ことを強調して終わりました。

状況がどうなっているか、お話をうかがえるのを楽しみにしています。またお会いしましょう。

ジャッキー

ナラティヴ・レターを書くには時間がかかりますし、ほかのサービスの支援者と情報を共有するために最も効果のある方法とは必ずしも言えません。別の選択肢としては、子どもに建設的なフィードバックを提供すると同時に、機関が求める記録にも適応するようミルナーとオバーン (Milner and O'Byrne 2002) によって改良された記録方式を使う方法もあります。このフォーマットは四つのセクションからなっています。問題の記述、例外と良くなったこと（子どもは何をしたか）、見解と解決（子どもはどうやってそうしたか）、宿題・課題です。必要であればその後思いついたことをいつでもつけ加えることができます。子どもとの会話の記録で最も大事なこと、そして子どもにとって最も大事なことは、編集しないことです。上に紹介したジャッキーの手紙のように、子どもが実際に使った言葉や表現を使うことで、子どもへの敬意を表現します。

★ 解決志向で子どもとかかわる

✂————ケース例

面接記録

名前｜アレクサ 9 歳
日付｜ 20XX 年 5 月 17 日

問題
　アレクサはいつも行儀が良いわけではないので、彼女の行儀の悪さについてジュディスが話すために来たと思った！　でもジュディスはアレクサと彼女の安全について話すためにやって来た。ベンに不適切な触り方をされたり、学校の男の子たちに性的にひやかされたり、近所の子どもたちから人種差別的な発言を浴びせられたりと、最近彼女に起きたさまざまなことについて心配だったからだった。

良くなったこと
❶ アレクサは最近悩みごとが多く、自分の良い部分を忘れてしまったけど、いくつかは覚えていた。
❷ ベンが触ってきたらどうやって身を守るかを知っている。
❸ 熱いお湯から身を守る方法を知っている。
❹ ときどき忘れることもあるが、ナイフやはさみを安全に使う方法を知っている。
❺ 安全に道を渡る方法を知っているが、自転車に乗っているときは忘れる。
❻ 少しだけ敬意を表すことができる。もうすぐリスペクトビンゴゲームで一列並びそうだ。

解決
❶ 彼女が覚えている自分自身の良いところは、かわいいこと、ダンスがで

❼ まとめ

きること（母親はすばらしい歌手にもなれるかもしれないと思っている）。きちんとした身なりでいること（母親は彼女が学校でいつもふさわしい身なりでいると言っている）。人のために何かしてあげられること（ジュディスにおいしいコーヒーを入れてくれた）。人種差別的ないやがらせに立ち向かうことができること。馬が好きで、記憶力が良いこと。

❷ ベンが彼女に触ったとき、そのことを学校で先生に話した。適切な触り方と不適切な触り方を理解している。お互いのプライベートゾーンに触ってよいのはどんなときか知っている。今はベンに「イヤ」と言える。困ったときに相談する人の名前を書いた「支援の手」をもっている。「支援の手」は先生、母親、祖父（携帯に電話番号が登録されている）、隣に住むシンディの母親、そして父親（母親の住所録に番号が書かれている）である。

❸ 熱いお湯でコーヒーを入れるときには、両手でやかんの持ち手をもつ。

❹ ナイフやはさみを渡すときは持ち手を相手に向ける。

❺ 道を安全に渡るときには、まず縁石に立ち左右を確認する。道を渡りながらまわりをよく見て音を聞く。

宿題

❶ 自分の良いところをもっと思い出すため、思い出したときにそれをポストイットに書いて冷蔵庫に張る。

❷ 安全のため、アレクサは安全を守るための行動をさらに続け、全部できるようになったら安全の証明書をもらえる（詳細は後述）。彼女はすでに星を二つ獲得している。

❸ 敬意を表す行動を練習し続ける。そうすれば次のリスペクトビンゴで勝てるかもしれない。「スポーツをルールに則って楽しむ」という項目から始めてもよいし、「おしゃべりするときは人の話をよく聞き、順番に話す」という項目から始めてもよい。ほかの項目から始めてもよい。

次回の面接予約日時 | 20XX 年 6 月 5 日（月曜日）午後 3 時半

★ 解決志向で子どもとかかわる

アレクサの安全証明事項
アレクサは以下のことを行う。

- ナイフやはさみを安全に扱う。
- マッチやライター、たばこやロウソクで遊ばない。
- 安全に自転車に乗る。
- 携帯電話をどこに置いたか覚えておく。
- 学校で男の子たちから身の安全を守る。
- 行き先を母親に知らせる。
- 母親の知らないところへ行くときは電話をする。
- 自分のプライベートゾーンは私的な大事な場所であると覚えておく。
- 家で一階に下りてくるときは洋服を着る。
- トイレの扉に鍵をかける。

アレクサが以上の事項を全部実行したら、安全の証明書を発行する。

───演習

次回あなたがかかわっている若者と話し合うとき、あなたの好奇心に満ちた質問に若者がどのように答えたかを、できるだけ本人の言った言葉通りに記録してください。

次に、以下の項目名に従って簡単な表を作成してください。

- その子はどんなニーズをもっているか？（一つ以上）
- 問題が解決したらどんなことが起きているか？（正確に）
- その子はどんな強みや能力をもっているか？
- どんなサービスが必要か？

❼ まとめ

　子どもや若者と、このような面接記録形式を使うと、単に問題や何がうまくいっていないかを記述するだけではなく、若者の暮らしがますますバランスのとれた、より前向きなものになってきていることを表現することができます。みなさんがかかわる若者のなかには、彼らの生活を記したこのような記録や文書が何年間も保存されて、さまざまな人の手に渡る可能性があり、記録された事項は次にそれを目にする支援者に影響を及ぼします。そのためこのような記録をとることが大切なのです。みなさんの書いた記録を若者と常に共有することを習慣化することで、透明な関係を保つことができますが、実際には共有されないケースがよくあります。しかしこの部分に力を入れることで、記録が正確になるだけでなく、子どもたちが必要なときにほかの専門家と情報を共有することに同意してくれる可能性も高まります。

――――演習

　次回、子どもたちと会話をするとき、彼らが話したことを、本人といっしょに問題と解決の絵として描き、記録してみてください。それをみなさんの記録のためコピーしましょう。

状況に合わせた課題を作る
観察課題

　観察課題は、子どもがより客観的に状況を見られるようになり、問題行動に対する例外が起きたときに気づきはじめるためにとても役に立つ方法です。例えばスティーブは、「イライラ」を寄せつけないときにどんな違った行動を取っているかに気がつくことが課題となります。さらに進んで、「スケールで8のときにはどんなことが違っているのか、自分の強みは何か」を探求することもできます。

★ 解決志向で子どもとかかわる

フォーミュラワン課題[訳註1]

　これは、すでにうまくいっていること、変える必要のないことをすべてリストアップしていく課題で、若者にとって特によい課題です。またこれは、取り組んでいく作業のゴールを明確にします。例えば、二人の小さな子どものシングルマザーであるカレンが家族支援のサポートを受けていました。支援者はカレンに、どのようにしたら役に立てるかを尋ねました。すると、母親であることや生活全般に押しつぶされそうになっていたカレンは、「私の代わりにやってほしい」と答えました。支援者は、カレンが保健師と予約したらその予約はキャンセルせず全部守っていて、さらに予約なしに気軽に受診できるクリニックを自分で選んで活用していることを知っていると伝えました。そして二人の子どもはとても健康そうに育っていると話して、「代わりにやる」必要はないことを説明しました。支援者は、彼女がいったいどうやってそれができたのか、さらに、子どもたちが彼女を微笑ませて、彼らの母親で良かったと思うのはどんなときか話すよう頼みました。カレンは、彼女が毎日やってきたことについていくつか話し、子どものことをとても熱心に話しました。支援者はそれを書き留めて、彼女が聞いたことでうまくいっていると思えることで、カレンも賛同したことをフィードバックしました。そして支援者は、カレンに引き続きうまくいっていること、変える必要のないことを考え続けたいか尋ね、そのリストから、彼女が支援に何を求めているのかがより明確にわかると思うと伝えました。

フリをする課題

　フリをする課題は、子どもが例外を考えるのが難しいと思ったときに役に立ちます。何かをするフリをすることは、実際にそれをするのと実質的には同じ役割を果たします。また子どもにとって、自分にそれができるという証

[訳註1] formula 1 (first-session) task ｜初回面接公式課題。ゴールが明確でないときや混乱しているときに使う課題。質問としては「次回お会いするまでの間に、あなたの生活に起きることで、これからも続いてほしいことをリストアップして下さい。次回の面接でそれを報告してほしいのです」のようになる。

拠にもなります。例えば、摂食障がいのある若者は、(食べるフリの課題で) ある一日、またはある日の一食だけでも、何か食べてみることができるかもしれません。あるいは子どもに、問題が解決されたとして、それに沿った行動をとっているフリをするよう頼むのもよいでしょう。

予想課題

この課題は、子どもが問題に例外があったことを認めないときに有効です。例えば、ある子どもが、先週スミス先生の授業で良い子でいられたのは単なる偶然で「ただそうなっただけだ」と言うようなときです。また、予想課題を行うと、自分でコントロールできないという子どもの話を覆すことができます。例えばベッキーは、悪いことが起きた日は逃げ出したい衝動が襲ってきて、養護施設の寝室の窓から抜け出してしまう。でもそれは自分ではどうにもできないと言いました。そこで彼女には、良い日はどの日で、どの日が悪くなりそうか予想して表にしてもらいました。予想の一部が当たったと報告してきたので、すぐに良い日には衝動に負けないどんなことが起きていたのか、好奇心をもって質問しました。何かがうまくいかない予想をしても、うまくいく予想をしても、いずれにしてもこの方法を使うと、若者にはコントロールレベルを上げることができるそれなりの状況認識力がある証拠となります。

何か違うことをする

解決志向でよく言われる言葉で、もし何かがうまくいかないのなら違ったことをせよというものがあります。これは「言うは易し、行うは難し」だと言われています。しかし、必ずしも明らかにこれまでと違うことをする必要はなく、単に以前うまくいって、やり忘れていることをしてみるだけでもよいのです。以前うまくいったことを思い出してやってみるだけで、新しい何かが見えてくることがあります。

★ 解決志向で子どもとかかわる

同じことをもっとする

　同様に、何かがうまくいっているなら、なぜそれを変える必要があるでしょう。同じことをもっとするだけでよいのです。子どもが2回目以降の面接にやってきて、状況はうまくいっていると報告したときに大事なのは、支援者がどのようにして子どもが成功できたのかに興味をもつことです。成功したときのより豊富な詳細情報を聞くことで、子どもは何が起きたのかを特定し、自分がそのとき何をしたのか明確に、しっかりと理解することができます。すると、その行動をさらに繰り返すことが可能になります。その成功をし続けるためには何が起きる必要があるのかを探るためには「あなたに最初に会ったときの問題の状況が1として、10はその問題が完全に解決された状態としたら今日のあなたはこのスケールでいくつですか？」といったスケーリングクエスチョンを使うと、とても有益です。

進展が緩やかなときのいくつかの提案
状況が同じとき

　子どもが問題解決に向けて進展を遂げているときのみなさんの役割は、比較的わかりやすく報われやすいものです。彼らが2回目の面接にやってきて、さほどの変化はなかったと言ったときには、みなさんがその責任を感じてさまざまな提案を思い浮かべ始める危険があります。そんなときには、もっと何か助けになることをしよう、もっと助けになってあげようという衝動に抵抗しましょう。こういった場合にはペースを落として、初回面接で行ったことと同じことを繰り返すのが有効です。あるいは昨日やおとといの出来事などを詳細に尋ねることもできます。変化は必然なのですから、ほんのちょっとした時間であっても、問題がそれほど深刻ではないときがそこにはあるでしょう。そしてその小さな例外を積み上げていくことができます。子どもが断固として変化を認めることを拒否したり、改善は何もないと言ったら、状況がさらに悪化しないようにどのように対処したのか尋ねることができます。

❼ まとめ

状況が悪化したとき

　状況が改善されなかったり実際に悪化したと報告するときには、子どもは失望したり諦めたりしがちです。何が悪くなったのかについての会話には力を注いでもらいたくありませんが、子どもが失望した気持ちを整理していくためには、彼らの話に耳を傾けることが大事です。それと並行して、良い方向へと進み続けることは大変なことであると認めることが役に立ちます。これは悲観的になることではなく、現実的になることです。と言うのは、長く続く複数の問題を抱える子どもは、複数の失望を味わうことになるからです。まず、彼らに状況が悪化しているにもかかわらずどうやってなんとか続けられているのか、これまでどうやって諦めずにいられたのか、次の危機的状況はいつ起きると予想できるかについて話す時間をもちます。それから話を前に進めて、彼らがどうやって対処したのか、その間に彼らが利用した強みは何かに関心を向け、問いかけをしていくことができます。この時点で、状況がまた軌道に乗ってうまく進み始めたと最初に気がつく小さなことは何か、そして子ども自身がそのためにできることは何か、じっくり考え始めることができます。

多様な機関が一体となってかかわっているとき

　これまでよりもさらに子ども中心にサービスを提供するために、特に子どもが受けている検査の数を減らし、子どもの死といった悲劇的な出来事を未然に防ぐためには、子どもにかかわっている第一線の人たちそれぞれが一体となったモデルへと近づく必要があります。

　一体となった働きかけには、みなさんが自分の役割を理解するだけでなく、ほかの人の役割を理解することが求められます。子どもにかかわるサービスは多様ですので、これは大きな課題と言えます。例えば、キャンベルとハンター（Campbell and Hunter 2009）は、今や、これまでよりも多くの子どもを対象とした看護サービスが病院外で提供されており、看護師、助産師、保健師のそれぞれ独自の役割を明確にする必要があると述べています。子どもの健康にとってリスクがある状況で、どのようにして情報を共有し協力するかを知る

★ 解決志向で子どもとかかわる

必要もあります。これには、ほかの専門家との個人的な強い絆づくり、他の人のやっていることに対する敬意と協働して積極的に参加する態度が求められます (DCSF 2007a)。

解決志向アプローチで他の専門家と協力するには、

- 常に自分のゴールと子どものゴールを念頭に置いておく。ほかの専門家が否定的・悲観的なときは、この共通の目的を思い起こしてもらう。
- 状況をリフレーミングする。隠れて見えない前向きな動機を探す。
- 常にほかの専門家をコンプリメントすることを忘れない。うまく進んだことは、彼らのおかげであると伝える。
- 断定を避けた仮定的な言葉を十分に使う。
- ほかの専門家がみなさんにどんな期待をしているか尋ねる。彼らにとってみなさんの活動の良い結果とはどんなものなのか尋ねる。(Berg and Steiner 2003)
- 子どもの強みや成功を、ミーティング中定期的に要約して伝え返す。
- 子どもに、専門家は子どものためをいちばん思っていることを要約して伝え、定期的に思い出してもらう。

解決志向のグループスーパービジョンでは、他の人たちが貢献していることへの認識を促し、互いに敬意を払う雰囲気を作り、相互学習を促進します。うまくいくグループスーパービジョンの方式のひとつが、解決志向リフレクティングチームです。これはノーマン (Norman 2000) によって考え出された次の六つの段階を経て実行されます。

❶ **準備する** | 会が始まる前に、この会でどんなことが得られたらよいか参加者全員に考えてもらう。
❷ **発表する** | 最初の発表者がグループでの検討課題として、自分のある取り組みについて発表する。
❸ **明確にする** | 発表に続いて、ほかのメンバーは明確化の質問だけをする。
❹ **肯定する** | 各メンバーが発表者に対して、それぞれその発表の高く評価

❼ まとめ

している部分をフィードバックする。発表者はただ「ありがとうございます」とだけ返事をする。

❺ **リフレクション**（熟考して得た感想の伝え返し）｜メンバーは順番に発表者に対して一つずつ感想を伝える。ほかのメンバーはその感想に関連したことを述べる。このプロセスはメンバー全員がもうこれ以上話すことがないところまで続けられる。もし発言することがないなら「パス」と言う。発表者はこの段階では何も言わずにただ聞いている。

❻ **終了する**｜発表者は伝え返された発言のなかでどの内容が最も関連性が高く役に立ったか述べる。またフィードバックしてもらったことをどのように実行しようと思うかを話してもよい。そしてこの会は次の発表者へと移る。

演習

多方面の機関が関与する児童センターでさまざまな分野から来た同僚と働いていると想像してみてください。

- その仕事についてどのように考え、感じますか？
- 現在の職場での活動と比べて、どんな違う行動をとっていますか？ あなた自身は何が違いますか？ ほかの人とのやり取りでは？
- この職場環境のためにどんな準備をしますか？
- あなたの同僚はどんなスキルやリソースを見せてくれるでしょうか？
- あなたの同僚がしていること、そのやりかたへの理解度をスケーリングしてみてください。
- あなたが多方面の機関の人とのかかわりを維持発展させるには、ほかに何をする必要があるでしょうか？

★ 解決志向で子どもとかかわる

演習

最後に、職場のさまざまな変化にストレスを感じている人に、短い演習をご紹介します。

「不平、不満、愚痴を言う」(Rayya Ghul 2005)

　この演習のために、ほかの分野から来ている人を一人選んでください。ペアになったら、スーパーバイザーとスーパーバイジーの役をどちらがやるか決めてください。スーパーバイジーは5分間、仕事に関係する不満をこと細かに述べてください。スーパーバイザーは静かに話を聞いて、ただ頷くなど受容している仕草だけをしてください。5分たったらスーパーバイザーは短い休憩を取り、その話のなかからスーパーバイジーへのコンプリメントを考え、それを伝えてください。コンプリメントは誠実で、話に関連のある、証拠に基づいたものでなければなりません。例えば、「なんとか話し合いの場を設定しようと、非常に粘り強く取り組んでいらっしゃいましたね」というように。そして役割を交代して演習を続けてください。

❼ まとめ

キーポイント

- 会話では、物事の始まりから話しはじめたり、何が起こったかについて出来事順に話されることは稀です。むしろ特定の事柄や話題について詳しく説明しようとして、さまざまな方向に脱線し、それからまた初めの話に戻る道を辿ることが多くあります。

- あなたが話し合いたいと思う会話の流れから若者の話が外れてくると、非常に不安になったり、扱いにくいと感じてしまうかもしれません。しかし若者の話についていき、みなさんの質問がその前の若者からの答えに沿ったものになるように気をつけていけば、若者は話を聞いてもらっていると感じることができるだけでなく、もしみなさんが頑なに自分自身の質問にこだわり続けたら気づき損ねたかもしれない例外を見つけることもできます。

- 2回目以降の面接では、良くなったことは何かを尋ねていくことで、解決志向アプローチの未来志向的で楽観的なテーマを維持します。必ずしも直線的に物事が進むことを期待しているわけではなく、子どもがうまくいかなかったことを話したいこともあるでしょう。この場合にはその話に耳を傾けて、それから、どんなに小さなことであってもうまくいっていることは何かの話に移ってください。成功体験、それを達成するために彼らがどんな段階を踏んでいったのか、ゴールに達するためにはほかにどんなことが起きる必要があるのかを子どもに聞くことは、子どもとかかわるうえで継続的に行う主要なテーマです。

- 言葉で伝えるのであれ、なんらかの文書によって伝えるのであれ、フィードバックによって、みなさんが見聞きした進歩を強化することができます。

参考情報

ウェブサイト

全般

www.sikt.nu
SFT-L@listserv.icors.org

このサイトでは、学習講座情報と SFT-L ディスカッションリストへのアクセス方法が提供されています。SFT-L のリストメンバーになると広い範囲の知識やアドバイスがもらえます。質問を投稿すると世界中の経験豊かな解決志向の実践家からアドバイスを受けられるでしょう。

www.brief.org.uk
www.btpress.co.uk

BRIEF は英国で最も大きな解決志向のトレーニング機関です。この機関はロンドン、マンチェスター、グラスゴーの各会場で、あらゆる領域のすべてのレベル（ビギナーから学位者まで）のトレーニングを提供しています。また定期的にカンファレンスも開催しています。

www.solutionsdoc.co.uk

このサイトはアラスデア・マクドナルド博士によるものです。ここでは EBTA のセラピーマニュアルや研究プロトコル、出版された調査研究の結果や評価の文献解題の情報を入手できます。

www.ebta.nu

The European Brief Therapy Association（EBTA）は年次的なカンファレンスを開催したり、興味深い調査の支援と出版を行う世界的なグループです。

www.ukasfp.co.uk
www.solution-news.co.uk

The United Kingdom Association for Solution Focused Practice（UKASFP）では年次カンファレンスを開催し、メンバーによるディスカッションリストを提供しています。またオンラインで季刊誌も発行しています。

www.btne.org.

これは Brief Therapy North East（ニューキャッスル）のサイトで、児童保護を専門とする経験豊かな実践家の方々のグループです。彼らは学習会を開催し、毎年海外からプレゼンターを招いています。

www.dulwichcentre.com.au
www.narrativetherapylibrary.com

これはナラティヴ・セラピーの代表的なサイトです。ダルウィッチ・センターでは *International Journal of Narrative Therapy and Community Work* という季刊誌を発行しています。ライブラリーやブックショップのサイトでは、ナラティヴ・セラピーの論文、書籍、eBook などの保管資料のダウンロードができます。

特定分野

www.brieftherapysydney.com.au/btis/michael/html
これは教育分野における解決志向ブリーフセラピーの最初の主導者の一人であるミッシェル・デュラントのサイトです。彼は在宅看護での解決志向アプローチについても述べています。

www.reteaming.com
これは Helsinki Brief Therapy Institute のベン・ファーマンとタパニ・アホラのサイトです。

参考図書

全般

Berg, I. K. and Steiner, T.(2003)*Children's Solution Work*. London: WW Norton.(『子どもたちとのソリューション・ワーク』金剛出版、2005年)

de Jong, P. and Berg, I. K.(2008)*Interviewing for Solutions, 3rd ed*. New York and London: Thomson Brooks/Cole.(『解決のための面接技法――ソリューション・フォーカスト・アプローチの手引き』金剛出版、2008年)

Epston, D.(1998)*Catching up with David Epston. A Collection of Narrative Practice-based Papers. 1991-1996*. Adelaide: Dulwich Centre Publications.

Freeman, J., Epston, D. and Lobovits, D.(1997)*Playful Approaches to Serious Problems*. Narrative Therapy with Children and Their Families. London: WW Norton.

Morgan, A.(2000)*What is Narrative Therapy? An Easy-to-Read Introduction*. Adelaide: Dulwich Centre Publications.(『ナラティヴ・セラピーって何？』金剛出版、2003年)

Myers, S.(2008)*Solution focused Approaches*. Lyme Regis: Russell House Publishing.

Selekman, M. D.(1997)*Solution Focused Therapy with Children*. New York: The Guilford Press.

White, M. and Morgan, A.(2006)*Narrative Therapy with Children and their Families*. Adelaide: Dulwich Centre Publications.

障がい、身体的・精神的健康

Bliss, V. and Edmonds, G.(2008)*A Self-determined Future with Aspergers Syndrome*. London: Jessica Kingsley Publishers.(『アスペルガー症候群への解決志向アプローチ――利用者の自己決定を援助する』誠信書房、2010年)

Duncan, L., Ghul, R. and Mousley, S.(2007)*Creating Positive Futures: Solution Focused Recovery from Mental Distress*. London: BT Press.

Hawkes, D., Marsh, T. and Wilgosh, R.(1998)*Solution Focused Therapy. A Handbook for Health Care Proftssionals*. Oxford: Butterworth Heinemann.

Jones, V. and Northway, R.(2006)Children with Learning Disabilities. In A. Glasper and J. Richardson

(eds) *A Textbook of Childrens and Young Peoples Nursing*. London: Churchill Livingstone, Elsevier.
McAllister, M. (2007) *Solution Focused Nursing*. Basingstoke: Palgrave.

グループワーク

Couzens, A. (1999) Sharing the Load: Group Conversations with Indigenous Men. In *Extending Narrative Therapy. A Collection of Practice-based Papers*. Adelaide: Dulwich Centre Publications.
Milner, J. (2004) Group work with young women. Context 74, 14-17.
Sharry, J. (2001) *Solution Focused Groupwork*. London: Sage. (『解決志向グループワーク――臨床心理学の応用とその展開』晃洋書房、2009年)

自傷

Hendon, J. (2005) *Preventing Suicide. The Solution Focused Approach*. Chichester: Wiley.
Jacob, F. (2001) *Solution Focused Recovery from Eating Distress*. London: BT Press.
Selekman, M. D. (2002) *Living on the Razors Edge*. London: WW Norton.
Selekman, M. D. (2006) *Working with Self Harming Adolescents*. New York: WW Norton.

反抗的な子ども

Levy, R. and O'Hanlon, B. (2001) *Try and Make Me! Simple Strategies that Turn off the Tantrums and Create Cooperation*. Breinigsville, PA: Rodale (distributed by St. Martin's Press).

里親

Kelly, G. and Gilligan, R. (2002) *Issues in Foster Care*. London: Jessica Kingsley Publishers.
Milner, J. (2008) *Solution focused approaches to caring for children whose behaviour is sexually harmful*. Adoption and Fostering, 32, 42-50.

うつ

Selekman, M. D. (2007) *The Optimistic Child. A Proven Program to Safeguard Children Against Depression and Build Lifelong Resilience*. New York: Houghton Mifflin.

学校

Ajmal, Y and Rees, I. (2004) *Solutions in Schools*. London: BT Press.
Kelly, M. S., Kim, J. S. and Franklin, C. (2008) *Solution Focused Brief Therapy in Schools. A 360-degree View of Research and Practice*. New York: Oxford University Press.
Metcalfe, L. (2002) *Teaching Towards Solutions: A Solution Focused Guide to Improving Student Behaviour, Grades, Parental Support and Staff Morale*. Carmarthen: Crown House Publishing.
Rhodes, J. and Ajmal, Y. (1995) *Solution Focused Thinking in Schools*. London: BT Press.
Young, S. (2002) *Solution Focused Schools: Anti-bullying and Beyond*. London: BT Press. (『学校で活かすいじめへの解決志向プログラム――個と集団の力を引き出す実践方法』金子書房、2012)

各種素材

Incentive Plus → www.incentiveplus.co.uk
Hinton House Publishers Ltd → www.speechmark.co.uk
St Luke's → www.innovativeresources.com
MR. MEN ™ LITTLE MISS → www.mrmen.org

★ 解決志向で子どもとかかわる

Marco Products → marcoproducts.com
Interactive Solutions → www.interactivesolutions.co.uk
Working With Men → www.workingwithmen.org
The National Youth Agency → www.nya.org.uk

これらの企業では、子どもの社会的、情動的、行動的なスキルを促進するための各種素材を出版しています。基本的に教育的な素材であり、それぞれのゲームは、例えばいじめ、アンガーマネジメント、社会スキルといった個々の子どもやクラスにとって問題となりうる学校生活での側面を扱っています。ストレングスカードのように明らかに解決志向に基づいているものではないものもありますが、これらを解決志向の実践方針に沿った形で使うことが可能です。しかし、これらの素材は私たちの子どもとのかかわりにとって代わることはできません。ゲームを使う主な理由は、実際に大変深刻である問題に遊び心を取り入れ、それによってきまりの悪さや恥ずかしさを低減することにあります。

参考文献

Barnardo's (undated) *Meeting with Respect. A pack of creative ideas and guidance for involving children and young people in meetings with parents carers and professionals.* Barking side: Barnardo's.

Bass, E. and Davis, L. (1988) *The Courage to Heal. A Guide for Women Survivors of Child Sexual Abuse.* New York: HarperCollins.

Bates, F. (2005) 'Disabled Children.' In R. Chambers and K. Licence (eds) *Looking After Children in Primary Care. A Companion to the Children's National Service Framework.* Abingdon: Radcliffe Publishing.

Berg, I.K. and Steiner, T. (2003) *Children's Solution Work.* London: W.W. Norton.

Brewster, S.J. (2004) 'Putting words in their mouth? Interviewing people with learning disabilities and little/no speech.' *British Journal of Learning Disability 32*, 166-169.

Cable, A. (2009) 'I was torn between two mums.' *Daily Mail*, 6 August, p.50.

Campbell, S. and Hunter, J. (2009) 'Nursing and Every Child Mailers.' In R. Barker (ed.) *Making & Sense of Every Child Matters, Multi-professional Guidance.* Bristol: The Policy Press.

Couzens, A. (1999) 'Sharing the Load: Group Conversations with Indigenous Men.' In *Extending Narrative Therapy. A Collection of Practice-based Papers.* Adelaide: Dulwich Centre Publications.

DCSF (2007a) *The Children's Plan: Building Brighter Futures.* London: The Stationary Office.

DCSF (2007b) *Effective integrated Working: Findings of Concept of Operations Study.* London: The Stationery Office.

DCSF (2008) *Safer Children in a Digital World.* The Report of the Byron Review. London: DCSF and DCMS.

DCSF (2008a) *2020 Children and Young People's Workforce Strategy: The Young Voice Report.* London: The Stationary Office.

de Jong, P. and Berg, I. K. (2008) *interviewing for Solutions,* 3rd edn. New York and London: Thomson Brooks/ Cole.

de Shazer, S. (1994) *Words Were Originally Magic.* New York and London: W. W. Norton.

de Shazer, S. (1985) *Keys to Solution in Brief Therapy.* New York: W. W. Norton.

de Shazer, S. (1988) *Clues: Investigating Solutions in Brief Therapy.* New York: W. W. Norton.

de Shazer, S. (1991) *Putting Difference to Work.* New York: W. W. Norton.

DoH (2000) *Framework for the Assessment of Children in Need and their Families. Consultative Draft.* London: The Stationary Office.

DoH (2008) *Children and Young People in Mind: The Final Report of the National CAMHS Review.* London: The Stationary Office.

参考情報・参考文献

DoH (2009) *Equal Access? A Practical Guide for the NHS: Creating a Single Equality Scheme that includes Improving Access for People with Learning Disabilities*. London: The Stationary Office.

DoH and DfES (2004) *National Service Framework for Children, Young People and Maternity Services: Disabled Children and Young People and Those with Complex Health Needs*. London: The Stationary Office.

Edwards, L. M. and Pedrotti, J. T. (2004) 'Utilizing the strengths of our cultures. Therapy with biracial woman and children.' *Women and Therapy 27* (1&2), 33-43.

Elliot, E. and Watson, A. (2000) 'Children's Voices in Health Care Planning.' In A. Glasper and L. Ireland (eds) *Evidence-based Child health Care: Challenges for Practice*. Basingstoke: Macmillan

Epston, D (1998) *Catching Up with David Epston. A Collection of Narrative Practice-based Papers. 1991-1996*. Adelaide: Dulwich Centre Publications.

Freeman, J., Epston, D. and Lobovits, D. (1997) *Playful Approaches to Serious Problems. Narrative Therapy with Children and Their Families*. London: W.W. Norton.

Furman, B. and Ahola, T. (1992) *Solution Talk. Hosting Therapeutic Conversations*. London: W.W. Norton.

Gardiner, G. (1977) 'The rights of dying children. Some personal reflections.' *Psychotherapy Bulletin 10*, 20-23.

Ghul, R. (2005) 'Moan, Moan, Moan.' In T.S Nelson (ed.) *Education and Training in Solution Focused Brief Therapy*. New York: The Haworth Press.

Gill, O. and Jack, G. (2007) *The Child and Family in Context. Developing Ecological Practice in Disadvantaged Communities*. Lyme Regis: Russell House Press/ Barnardo's.

Gilligan, R. (2002) 'Promoting Positive Outcomes in Children in Need. The Assessment of Protective Factors.' In J. Horwath (ed.) *The Child's World: The Comprehensive Guide to Assessing Children in Need*. London: Jessica Kingsley Publishers.

Hackett, P. (2005) 'Ever Appreciating Circles.' In T. S. Nelson (ed.) *Education and Training in Solution Focused Brief Therapy*. New York: The Haworth Press.

Harper, G. and Hopkinson, P. (2002) 'Protective behaviours: a useful approach in working with people with learning disabilities.' *British Journal of Learning Disability 30*, 149-52.

Hawkes, D., Marsh, T. and Wilgosh, R. (1998) *Solution Focused Therapy. A Handbook for Heath Care Professionals*. Oxford: Butterworth Heinemann.

Hendon, J. (2005) *Preventing Suicide. The Solution Focused Approach*. Chichester: Wiley.

Hicks, C. L., von Baeyer, C. L., Spafford, P. A., von Korlaar, l. and Goodenough, B. (2001) The faces pain scale revisited: towards a common metric in pediatric pain measurement.' *Pain 93*, 2, 173-183.

HM Treasury and DCSF (2007) *Aiming High for Young People. A Ten-year Strategy for Positive Activities*. London: The Stationary Office.

Howe, D. (2008) *The Emotionally Intelligent Social Worker*. Basingstoke: Palgrave.

Howe, D. (2009) *A Brief introduction to Social Work Theory*. Basingstoke: Palgrave.

Iveson, C. (1990) *Whose Life? Community Care of Older People and Their Families*. London: BT Press.

Iveson, C. (2002) *Whose Life? Community Care of Older People and Their Families, 2nd edn*. London: BT Press.

Jacob, F. (2001) *Solution Focused Recovery from Eating Distress*. London: BT Press.

Jones, V. and Northway, R. (2006) 'Children with Learning Disabilities.' In A. Glasper and J. Richardson (eds) *A Textbook of Children's and Young People's Nursing*. London: Churchill Livingstone, Elsevier.

Kelsey, J. and McEwing, G. (2008) *Clinical Skills in Child Health Practice*. London: Churchill Livingstone, Elsevier.

Levy, R. and O'Hanlon, B. (2001) *Try and Make Me! Simple Strategies that Turn Off the Tantrums and Create Cooperation*. Breinigsville, PA: Rodale (distributed by St Martin's Press).

Licence, K. (2005) 'Promoting a Healthy Diet and Physical Activity for Children and Young People- the Evidence.' In R. Chambers and K. Licence (eds) *Looking After Children in Primary Care. A Companion to the Children's National Service Framework*. Abingdon: Radcliffe Publishing.

Macdonald, A. (2007) *Solution Focused Therapy. Theory, Research and Practice*. London: Sage.

McKibben, J. (2009) 'How to encourage child-led play?' *Early Years*, Summer, www.DCSF.gov.uk/everychildmatters, pp. 8-9.

McNeish, D., Newman, T. and Roberts, H. (2002) *What Works for Children?* Buckingham: Open University Press.

Matthews, J. (2006) 'Communicating with Children.' In A. Glasper and J. Richardson (eds) *A Textbook of Children's and Young People's Nursing*. London: Churchill Livingstone, Elsevier.

Mencap (2007) *Death by indifference*. London: Mencap.

Michael, J. (2008) *Healthcare for All: Report of the Independent inquiry into Access to Healthcare for*

211

People with Learning Difficulties. London: Aldridge Press.

Miller, G. (1997) 'Systems and solutions: the discourses of brief therapy.' *Contemporary Family Therapy 19,* 5-22.

Milner, J. (2001) *Women and Social Work. Narrative Approaches.* Basingstoke: Macmillan.

Milner, J. (2004) *'Group work with young women.'* Context 74, 14-17.

Milner, J. (2008) 'Solution focused approaches to caring for children whose behaviour is sexually harmful.' *Adoption and Fostering 32,* 42-50.

Milner, J. and O'Byrne, P. (2002) *Brief Counseling. Narratives and Solutions.* Basingstoke: Palgrave.

Mullender, A. (1999a) 'Drawing out Messages for Policy and Practice.' In A. Mullender (ed.) *We Are Family. Sibling Relationships in Placement and Beyond.* London: BAAF.

Mullender, A. (1999b) 'Sketching in the Background.' In A. Mullender (ed.) *We Are Family. Sibling Relationships in Placement and Beyond.* London: BAAF.

Myers, S. (2008) *Solution Focused Approaches.* Lyme Regis: Russell House Publishing.

Myers, S. and Milner, J. (2007) *Sexual Issues in Social Work.* Bristol: The Policy Press.

Norman, H. (2000) 'Reflecting Teams.' Unpublished paper presented at the Midland Association for Solution Focused Therapy, February. More details In O'Connell, B. (2001) *Solution Focused Stress Counselling.* London: Continuum.

Orr, R. (2003) *My Right to Play.* A Child with Complex Needs. Maidenhead: Open University Press.

Parton, N. and O'Byrne, P. (2000) *Constructive Social Work.* Basingstoke: Palgrave.

Polaschek, L. and Polaschek, N. (2007) 'Solution focused conversations: a new therapeutic strategy in well nursing telephone consultations.' *Journal of Advanced Nursing 59,* 2, 111-119.

Reivich, K. and Shatte, A. (2003) *The Resilience Factor: 7 Keys to Finding your Inner Strength and Overcoming Life's Hurdles.* London: Broadway Book.

Ross, M. (1996) 'Learning to listen to Children.' In R. Davie, G. Upton and V. Varma (eds) *The Voice of the Child. A handbook for Professionals.* London: Falmer Press.

Roulstone, S. (2001) *Prioritising Child Health. Practice and Principles.* London: Routledge.

Saleeby, D. (1992) *The Strength Perspective in Social Work Practice.* White Plains, NY: Longman.

Saleeby, D. (ed.) (2007) *The Strength Perspective in Social Work Practice,* 4th edn. Boston, MD: Allyn & Bacon.

Selekman, M.D. (2002) *Living on the Razor's Edge.* London: W.W. Norton.

Selekman, M.D. (2007) *The Optimistic Child. A Proven Program to Safeguard Children Against Depression and Build Lifelong Resilience.* New York: Houghton Mifflin.

Sharry, J. (2001) *Solution Focused Groupwork.* London: Sage.

Sharry, J., Madden, B. and Darmody, M. (2001) *Becoming a Solution Detective. A Strengths-based Guide to Brief Therapy.* London: BT Press.

Tates, K., Meeuwesen, L. and Bensing, J. (2002) "I've come for the his throat": roles and identities in doctor-parent-child communication.' *Child: Care, Health and Development 28,* 1, 109-116.

Taylor, C. (2004) 'Underpinning knowledge of child care practice: reconsidering child development theory.' *Child and Family Social Work 9,* 225-235.

Thomas, G. (1995) *Travels in the Trench Between Child Welfare Theory and Practice.* New York: The Haworth Press.

Thompson, N. (2003) *Communication and Language. A Handbook of Theory and Practice.* Basingstoke: Palgrave Macmillan.

Turnell, A. and Edwards, S. (1999) *Signs of Safety: A Solution Oriented Approach to Child Protection Casework.* New York: W. W. Norton.

White, N. and Bateman, J. (2008) 'The use of narrative therapy to allow the emergence of engagement.' *The international Journal of Narrative Therapy and Community Work 2,* 17-28, Dulwich Centre Publications Pty Ltd.

White, M. and Epston, D. (1990) *Narrative Means to Therapeutic Ends.* London: W.W. Norton.

Whiting, L. (2006) 'Children and their Families.' In I. Peate and L. Whiting (eds) *Caring for Children and Families.* Chichester: Wiley.

Wittgenstein, L. (1963) *Philosophical Investigations.* Oxford: Blackwell.

Wittgenstein, L. (1980) *Remarks on the Philosophy of Psychology.* Oxford: Basil Blackwell.

訳者あとがき

　最初この本をインターネットで見たとき、私はその表紙のかわいらしさに惹かれてすぐ購入しました。そして拙い英語力で一語ずつ辞書を引きながら読んでいくと、子どもや若者とかかわるための、なんと素敵な解決志向の実践であり教科書なのだろうと思いました。

　できればすぐに日本でも出版してみなさまにご紹介したいと思っていましたが、長い年月がかかってしまいました。しかし、今また読んでもたくさんのアイデアと趣向に富んでいて、お役に立つものと信じています。

　著者のお二人はもともとソーシャルワーカーであり、ナラティヴ・アプローチの専門家でもあるので、随所にその特徴が表れています。また現在も積極的に活動されているようで、2016年には"Working with Violence and Confrontation Using Solution Focused Approaches: Creative Practice With Children, Young People and Adults"を、2017年には、"Using Solution Focused Practice With Adults in Health and Social Care"を出版されています。いつの日か日本にもお招きできたらと願っています。

　今回の翻訳にあたっては、解決志向で子育てを支援する「エンジョイ子育て」の推進者であるバレイ（佐俣）友佳子さんと、アメリカ在住のライス由香さんに多大なご支援をいただきました。お二人のお力添えなくしては日本語に翻訳することなど出来なかったと思います。とはいえ、翻訳上の間違いもあるかもしれません。それはひとえに私の責任です。また是非読者の皆様からのご指摘、ご感想も頂ければ幸いです。

　最後になりましたが、忍耐強く本書の出版を後押しして、こんな素敵な本にして下さった金剛出版の高島徹也氏と、私のこれまでの活動に多くのご支援とご指導を賜りました皆様に心よりお礼申し上げます。

2019年6月

訳者を代表して　竹之内裕一

★ 解決志向で子どもとかかわる

索引

人名索引

アイブソン（Iveson, C.）…048, 175
アホラ（Ahola, T.）…136
ウィトゲンシュタイン（Wittgenstein, L.）…014
エドワーズ＆エドワーズ（Edwards, L.M. & Edwards, S.）…005, 021
エプストン（Epston, D.）…005, 043, 107, 138
エリオット（Elliot, E.）…084, 089
オア（Orr, R.）…084
オバーン（O'Byrne, P.）…006, 193
オハンロン（O'Hanlon, B.）…095, 141
ガーディナー（Gardiner, G.）…076
カズンズ（Couzens, A.）…046, 054
キャンベル（Campbell, S.）…201
ギル（Gill, O.）…029, 123
グール（Ghul, R.）…204
ケルジー（Kelsey, J.）…056
サリービー（Saleeby, D.）…005, 019, 069
ジャック（Jack, G.）…029
シャッテ（Shatte, A.）…125
シャリー（Sharry, J.）…043, 067, 137
ジョーンズ（Jones, V.）…005
スタイナー（Steiner, T.）…005, 032, 080, 202
セレクマン（Selekman, M.）…073, 123, 162
ターネル（Turnell, A.）…021
ダーモディ（Darmody, M.）…043
ディ・シェーザー（de Shazer, S.）…005, 014
ディヤング（de Jong, P.）…063
テイラー（Taylor, C.）…030
テーツ（Tates, K.）…084
トーマス（Thomas, G.）…116
トンプソン（Thompson, N.）…008
ニューマン（Newman, T.）…033
ノーズウェイ（Northway, R.）…005
ノーマン（Norman, H.）…202
バーグ（Berg, I.K.）…005, 032, 063, 080, 202
パートン（Parton, N.）…006
ハーパー（Harper, G.）…047
バイロン（Byron, T.）…045
ハウ（Howe, D.）…019, 123, 126
ハケット（Hackett, P.）…129
ハンター（Hunter, J.）…201
ヒックス（Hicks, C.L.）…163
ファーマン（Furman, B.）…136
フリーマン（Freeman, J.）…043, 099, 108, 138, 140
ブルースター（Brewster, S.J.）…047
ベイツ（Bates, F.）…083
ベイトマン（Bateman, J.）…001, 017
ペドロッティ（Pedrotti, J.T.）…005
ベンシング（Bensing, J.）…084
ヘンドン（Hendon, J.）…071
ホプキンソン（Hopkinson, P.）…047
ポラシェック＆ポラシェック（Polaschek, L. & Polaschek, N.）…037
ホワイティング（Whiting, L.）…046
ホワイト, ナイジェル（White, N.）…017
ホワイト, マイケル（White, M.）…107
マクドナルド（Macdonald, A.）…012, 025
マクニーシュ（McNeish, D.）…033
マクユーイング（McEwing, G.）…056
マシューズ（Matthews, J.）…083
マッデン（Madden, B.）…043
マレンダー（Mullender, A.）…030
ミラー（Miller, G.）…094
ミルナー（Milner, J.）…001, 015, 027, 032, 046, 047, 050, 064, 068, 112, 193
メイヤーズ（Myers, S.）…005, 046, 070
メウーウセン（Meeuwesen, L.）…084
ヤーコプ（Jacob, F.）…073, 166
ライセンス（Licence, K.）…113
ライビック（Reivich, K.）…125
レヴィ（Levy, R.）…095, 141
ロウルストーン（Roulstone, S.）…084
ロス（Ross, M.）…041
ロバーツ（Roberts, H.）…033
ロボビッツ（Lobovits, D.）…043
ワトソン（Watson, A.）…084

事項索引

|あ|
アウトプットとアウトカム…059
アセスメント…019
遊び心…043, 052, 171
熱い思い…012
「安全性と懸念に関する資料」…118
怒り…110, 146, 150, 159
　——の表現…159

索引

インターネット
　　——の安全性…045
　　——の利用に関するバイロン報告書…045
大人がかけるフィルター…030
「同じことをもっとする」…200
「終わりなき感謝の輪」…129

|か|

解決志向アプローチの理論…012
外在化…107
会話の邪魔をする子ども…054
「輝かしい瞬間」…128
家族の参加…016
「観察課題」…197
緩和治療…076
気づき…098
虐待…003, 062, 081, 116, 118, 124, 166, 169
　　——の疑いがある親…166, 169
　　性的——…062, 124, 169
拒食症…005, 106, 107
「苦情相談係」…085
ケース
　　解決をみつける（クリストファー）…015
　　外在化（ジミー）…107
　　会話に加わってもらう（テイラー）…052
　　カウンセリングの問題点（サイモン）…031
　　協力のかたち（ボリス）…069
　　これまでのまとめ（アビー）…176
　　支援者の倫理（ローラ）…038
　　スケーリングから解決へ（スチュワート）…150
　　スケーリング（ホーリーとジョナサン）…154
　　スケーリングを繰り返す（リネッテ）…168
　　スケーリングを広げる（ティム）…160
　　代弁と反論（ルイス）…051
　　代弁の利用（ダレン）…048
　　強みについての会話（アビー）…131
　　強みを見つける（スティーブン）…022
　　手紙（スティーブ）…191
　　前向きな姿勢（サラ）…035
　　漫画で語る（リッキー）…081
　　面接記録書式（アレクサ）…194-196
　　問題になってもらう（ルイーズ）…113
　　ユーモアと遊び心（ノエル）…044
　　例外と他者（ポール）…101
　　例外の発見（カースティとジェイドン）…094
　　例外を広げる（ソフィア）…098
限局性学習症…004, 160
好奇心に満ちた話の聞き方…041

言葉の重要性…097
子ども
　　——が実際に使った言葉…193
　　——自身のゴール…010
　　「——中心」…029
　　——との関係形成…031
　　——との協働的な関係…126
　　——と話をする場所…037
　　——の観点…030
　　——の参加…012
　　——の能力…121
　　——の発達…030
　　——への敬意…033
　　——への誤解…032
　　——への質問…007
　　親の離婚に巻き込まれている——…150
　　専門家としての——…009
　　反抗的な——…095, 121, 141
コミュニケーション…017
根拠に基づいた支援…012
コンプリメント…127
　　間接的な——…128, 141

|さ|

「サインズ・オブ・セイフティ」…021
自己肯定感…183
自殺
　　——リスクを評価する質問…071
　　——念慮…031, 071, 072
　　——念慮が芽生えた後に聞く質問…072
自主性（レジリエンス）…124
自傷行為…071, 073, 122
自信（レジリエンス）…123
自尊心…126, 141, 158
失読症…008
児童保護…021
死に直面した子どもの権利…076
社交的能力（レジリエンス）…124
将来の見通し（レジリエンス）…124
「食器棚の比喩」…074
「信号式ホスピタルアセスメント」…084
身体的ニーズ…083
「診断」
　　——の影響…004
　　——の功罪…004, 136
スケーリングクエスチョン…011, 023, 026, 145-170, 173, 200
　　安全性を評価するための——…165

215

★ 解決志向で子どもとかかわる

感情に対応するための―― …157
関係づくりの―― …145
希望や願いを見つけるための―― …150
離婚の―― …150
反抗的な子どもへの―― …156
変化への参加を促すための―― …163
ストレングスカード …036
青少年人材開発評議会 …122
青少年精神保健サービス政策（CAMHS）…030
摂食障がい …073, 199
全国サービス基準（英国）…083
専門性 …003, 016
　　解決志向支援者の―― …009
　　――の誤解 …031, 032
想像上の友人 …138
創造的な聴衆 …134

|た|
対話の評価 …188
多機関連携 …201
達成不可能な希望 …074
知的障がい …084
「著名なコンサルタント」…162
治療関係 …031
強み …121-143
　　――と不安 …019
　　――をもとにした会話 …036
　　足りないものを――にする …136
透明性 …017
「どの子も大切」政策 …003, 012, 162
トラウマ …070, 081, 124

|な|
ナースプラクティショナー …084
仲間同士のプレッシャー …046
何か違うことをする …199
ナラティヴ・アプローチ …005
ナラティヴ・セラピー …107, 128, 134

|は|
パートナーシップ …005
バーナード基金 …021
「バック・トゥ・ザ・フューチャー」クエスチョン …065
話を聞くことの障壁 …008
「反舌打ち隊」…020
人には能力があるという信念 …190
肥満 …113
フィードバック …020, 046, 191, 193, 198, 203, 205

「フォーミュラワン課題」…198
フォローアップ
　　――の質問 …064, 164
　　――面接 …175
「不平、不満、愚痴を言う」…204
「フリをする課題」…198
「変てこ障がい児」…138-140
ポジティブシンキング …127

|ま|
「マーベルと話す」…077
周囲のサポート（レジリエンス）…123
漫画の利用 …080
みなさん自身のことを話す …033
ミラクル・クエスチョン …061
　　――の注意点 …062
　　――のバリエーション …065
　　グループでの―― …067
　　他者からの視点の―― …078
面接記録 …194-197
物事への姿勢（レジリエンス）…124
問題解決スキル（レジリエンス）…124
問題と解決の関係 …014
問題のレッテル …097, 106
問題を表現し位置づける（外在化）…109

|や|
友情に関する質問 …152
ユーモア …043
「予想課題」…199
「喜び潜在症」…136

|ら|
楽観性 …069, 125
離婚 …152
リストカット …073
「リスペクト・ビンゴ」…041, 105, 106
例外 …093-120
　　安全確保における――探し …116
　　大人がネガティブな場合の――探し …104
　　――を答えあぐんでいるときの質問 …100
　　――を探究する質問 …097
　　――を見つける難しさ …094
レジリエンス …005, 121-126, 136, 138, 141, 143
　　大人の―― …141
　　――スキル・リスト …125
　　――の特徴 …123

[著者]
ジュディス・ミルナー(Judith Milner)／**ジャッキー・ベイトマン**(Jackie Bateman)

ジュディス・ミルナーとジャッキー・ベイトマンはどちらも解決志向の実践者であり、トレーナー、コンサルタント、執筆者でもあります。ジュディスはソーシャルワークの上級講師でしたが、現在はセラピスト、コンサルタント、家庭裁判所の児童保護、家庭内暴力、係争中の面会交流の専門家でもあります。ジャッキーは児童保護、青少年犯罪のソーシャルワーカーとして働いていましたが、2002年にバーナード基金（Barnardo's／主に虐待を受けたり、犯罪に巻き込まれたりした子どもたちへのチャリティやボランティア支援を行う機関［http://www.barnardos.org.uk/］）に加わり、現在はバーナード基金ジャンクション（Barnardo's The Junction［http://www.cypfconsortium.org.uk/member_directory/9］）で児童支援の責任者として、懸念される性的な行動が見られる子どもや若者とその家族を支援しています。（原書出版時）

[訳者]
竹之内 裕一(たけのうち・ゆういち)

「ソリューションランド」［http://www.solutionland.com/］代表／Master Solution-Focused Practitioners（IASTI）。解決志向アプローチの実践者・研究者の集まりである「ソリューションランド」を日本各地で毎年開催している。また解決志向ブリーフセラピーの各国のエキスパートを日本にお招きしてワークショップを開催したり、トレーニングの提供もしている。

バレイ（佐俣） 友佳子(ばれい（さまた）・ゆかこ)

臨床心理士／キッズソリューションズ［http://kidssolutions.jp/］代表。学校、児童相談所、児童養護施設、企業等でのカウンセリング経験を経て、現在はフィンランドで開発された解決志向に基づく子育て支援プログラム「エンジョイ子育て！」を日本各地で広めている。

解決志向で子どもとかかわる
子どもが課題をのり越え、力を発揮するために

2019年6月20日　印刷
2019年7月1日　発行

著　者｜ジュディス・ミルナー／ジャッキー・ベイトマン
訳　者｜竹之内裕一／バレイ（佐俣）友佳子
発行者｜立石正信
発行所｜株式会社 金剛出版
　　　　112-0005 東京都文京区水道1丁目5番16号升本ビル二階
電　話｜03-3815-6661 ／振　替｜00120-6-34848
印刷・製本｜音羽印刷　装　幀｜粕谷浩義

ISBN 978-4-7724-1705-1 C3011　　　　　　　　　©2019 Printed in Japan

解決のための面接技法［第4版］
ソリューション・フォーカストアプローチの手引き

［著］＝ピーター・ディヤング　インスー・キム・バーグ
［訳］＝桐田弘江　住谷祐子　玉真慎子

●B5判　●並製　●420頁　●定価6,000円＋税（学習用DVD付属）
●ISBN978-4-7724-1464-7 C3011

特徴的な質問と基盤となる技術を網羅した
解決構築アプローチの最も信頼できるテキスト
待望の第4版。

［新版］よくわかる！ 短期療法ガイドブック

［著］＝若島孔文　長谷川啓三

●四六判　●並製　●248頁　●定価2,600円＋税
●ISBN978-4-7724-1634-4 C3011

短期療法の理論と実践を提示した好評初版に，
悲嘆やPTSD様反応へのスリー・ステップス・モデルを
加えた新版登場。

思春期・青年期トラブル対応
ワークブック

［著］＝小栗正幸　［制作委員会］＝特別支援教育ネット

●B5判　●並製　●200頁　●定価2,400円＋税
●ISBN 978-4-7724-1677-1 C3011

発達障害・愛着障害・被虐待経験……配慮が必要な人との
生活で出会うさまざまなトラブルに対処する
"虎の巻"